导购应该这样管

服装旺店导购管理的38个秘籍

欧阳海淼——著

北京联合出版公司
Beijing United Publishing Co.,Ltd.

图书在版编目（CIP）数据

导购应该这样管：服装旺店导购管理的38个秘籍 / 欧阳海淼著. — 2版. — 北京：北京联合出版公司，2018.1（2022.12重印）
ISBN 978-7-5596-1253-3

Ⅰ. ①导… Ⅱ. ①欧… Ⅲ. ①服装—商店—商业服务 Ⅳ. ①F717.5

中国版本图书馆 CIP 数据核字（2017）第 280422 号

导购应该这样管（第2版）：服装旺店导购管理的38个秘籍

作　　者：欧阳海淼
出 品 人：赵红仕
选题策划：北京时代光华图书有限公司
责任编辑：龚将　夏应鹏
特约编辑：韩丹　卢倩倩
封面设计：零创意文化
版式设计：张志凯

北京联合出版公司出版
（北京市西城区德外大街83号楼9层　100088）
北京时代光华图书有限公司发行
文畅阁印刷有限公司印刷　新华书店经销
字数 215 千字　787毫米 × 1092毫米　1/16　15.75印张
2018 年 1月第1版　2022 年 12 月第 2 次印刷
ISBN 978-7-5596-1253-3
定价：58.00元

再版序

为什么总是招不到满意的导购?

为什么导购越来越难管?

为什么导购总是不在状态，损失客流?

为什么员工不能把店当成家?

为什么企业苦口婆心却留不住员工的心?

……

我在给企业高管授课的时候，一些男性高管经常跟我发牢骚:“门店的女孩子真是太难管！情绪化严重，说不得骂不得，动不动就哭哭啼啼。因为家里的事有了情绪，也喜欢带到工作中来，跟男朋友吵个架也耷拉个脸一整天，管女孩子真是太麻烦了！”一个服装行业的代理商老板也曾跟我说过:“找个好导购，比找个靠谱的男朋友还难。”

作为一名从终端门店成长起来的培训师，我做过导购，也管理过导购。导购这份职业有其特殊性——绝大多数从业者都是女性。女性导购身上存在着感性、情绪化等问题，但另一方面，这也是她们最大的优点。

因为感性，注重感情，所以她们更懂感恩；

因为心思细腻，所以她们更能深入了解顾客的内心；

因为体贴，所以她们能够把握顾客的一举一动；

因为重情，所以她们能够与门店甘苦与共。

面对“90后”“95后”居多的导购群体，面对终端门店青春洋溢却又个性十足的导购，企业到底应该怎样管理，才能激发他们的工作热情，让他们有对销售目标的渴求，让他们持续保持良好的状态呢？导购到底应该怎样管，这就是本书要探讨的话题。

同《导购应该这样管》初版相比，这一版加入了新的管理资讯和实用工具表格。同时，这一版还再度沿袭《导购应该这样管》初版的实战风格和写作结构，以案例入手，对其加以针对性的分析，提供了解决问题的锦囊，并且每章最后会有我的简练寄语。我希望能够打造一部剖析导购内心，指导门店管理人员解决问题的实战攻略。

选人用人不再难，育人留人招招鲜。要问锦囊何处有？此书告诉你答案。

引言　蝶变——导购的未来，路在何方？

你是即将破茧成蝶的今日之蛹吗？

迷茫的眼神，麻木的表情，有气无力的“欢迎光临”！

郁闷的昨天，枯燥的今天，迷茫的明天。

我的未来，路在何方？

……

下面这个案例可以让你清楚地了解当下很多导购的现状。

李小姐是一位在电子商务公司工作的白领，下班后经常顺路到公司附近的商场逛逛。某天，当走到商场拐角处的时候，她远远地就被一家女装品牌门店的橱窗吸引了。这个品牌她很熟悉，对其风格也非常欣赏，但一直没在他家买到过适合自己的衣服。

而今天的这个橱窗设计让她眼前一亮。模特身着黑白格子裙装，头戴白色贝雷帽，这样的搭配很是吸引人，李小姐不禁心中暗喜。

刚好有个高个子导购站在门口，李小姐便礼貌地问："你好，小姐，请问模特身上这款有我穿的尺码吗？"不知道是李小姐声音太小，还是这位高个子导购太过沉浸于自己的世界，竟然没有回复李小姐。李小姐又清了清嗓子，提高嗓音说："小姐，你好！"这才终于把这位导购的思绪拉回了眼前。高个子导购瞥了一眼李小姐，问："你说什么？"李小姐又耐心地问了一遍："请问模特身上的这条裙子有没有我穿的尺码？"高个子导购上上下下把她打量了一番："你要买吗？"一句话把李小姐问傻了。她忍了忍，说："既然问，肯定是想买，不想买问它干什么？"导购再次打量了一下李小姐，居高临下地说："等会儿。"随之昂首挺胸地走进店里，剩下李小姐一个人愣在门口。另一名导购趴在收银台上玩手机，远远地看了眼李小姐，连动都没动，随口说了句有气无力的"欢迎光临"，然后继续玩。"看在裙子漂亮的分儿上，不跟她们一般见识吧。"李小姐忍着气，安慰自己说。

过了一会儿，高个子导购把裙子拿来了："喏，试衣间在那边。"她用食指划了一道优雅的弧线，遥遥指向试衣间，把裙子递给了李小姐。李小姐走进试衣间，试穿完毕走出来，两名导购仍然倚靠着收银台，一个眼神空洞，眺望远方，一个仍然在玩手机。李小姐自己在试衣间门口看了看，整理了一下衣服，而两名导购没有一个人上前为她服务。本来兴致勃勃，现在却像被人浇了一盆凉水，李小姐刹那间觉得这条裙子也没那么好看了，她扭头走进试衣间，把衣服换了下来，然后把裙子放在收银台上，转身离开了。而那两名导购竟然视若无睹，依然沉浸在自己的世界里。

相信很多零售门店都出现过案例中的现象。虽然现在零售行业的服务水准已经比以前提高了很多，但导购群体的职业素养还是存在着参差不齐的现象，笔者自己也曾有过类似不愉快的购物经历。那么，到底为什么会出现这样的现象呢?

因为太多人把“导购”当成一个跳板,一份临时的工作了。也因为这份职业目前普遍存在着不完善、不规范的情况,以至于很多导购看不到自己的明天。

到底,导购的明天,路在何方?

送给导购姐妹们的心里话

作为一名从终端导购岗位成长起来的培训师,我担任过导购、店长、督导、销售主管、经理等一系列职位。在这个过程中我有幸认识了许多终端零售门店的导购,但当我看到这些姐妹们的工作状态时,最大的感觉往往是心痛。

从事其他行业的人不一定了解终端门店的辛苦,比起在写字楼工作的白领,终端门店导购们在体力上付出了更多。直到今日,我还清晰地记得自己刚刚踏上工作岗位,成为一名导购的时候,一天六小时站下来,穿着十厘米高跟鞋的脚早已经麻木,脚跟更是针扎一样的刺痛。回到家里,一样是父母掌上明珠的我把鞋一踢,往床上一躺,真的什么都不想做。妈妈心疼得赶紧端一盆热水来让我烫烫脚,劝我换一份工作。但我生性倔强,不肯认输,不愿被别人小瞧,所以一直坚守这行到现在。

我身边有许多可爱的同事,在家可能连拖把都没有拿过,工作时却能把店铺打扫得一尘不染。有许多姐妹,在家从未受过家人的一句重话,却被一些一时火大的顾客吼得眼泪汪汪……这些我都了解,也都经历过,更曾经无数次认为自己这样不值得,完全可以去找寻更好的生活,更体面的工作。但当我后来历经职位的多次变更,终于成为管理层,进入写字楼以后,我才发现,在长久的职业生涯中,让我最怀念、最开心的还是在终端门店做导购的日子。那时的导购同事们相对年轻单纯,大家相处起来简单、快乐,而销售成功带给我们的成就感和满足感更是无与伦比的。

直到今日，我仍愿意自豪地告诉别人，自己是做销售出身的。而我更要感谢在销售工作中所经受的挫折和失败，它让我越挫越勇，不屈不挠；让我学会从容地应对人生的起起落落，不自怨自艾；也让我在与人打交道时能更快速地拉近彼此之间的距离。要知道，人际交往时的沟通能力，一定程度上也代表了你的生存能力。

一首歌的歌词非常适合销售行业的人，“没有花香，没有树高，我是一棵无人知道的小草。从不寂寞，从不烦恼，你看我的伙伴遍及天涯海角……”是的，每个做销售的人，都是一棵无人知道的小草；每个做销售的人，都有不怕挫折，越挫越勇的小草精神；每个做销售的人，都有着哪怕风吹雨打，也能傲然挺立，默默生存的小草意志。所以，感谢每个给我们挫折的人，因为他们历练了我们的心智；感谢每个伤害我们的人，因为他们锻炼了我们的能力。

但是，在我们的销售伙伴当中，还有些人一味地埋怨自己不是“官二代”，不是“富二代”，没有背景，没有学历。他们一味地自怨自艾，却没有想过并且通过实际努力去改变现状。

“真的猛士，敢于直面惨淡的人生，敢于正视淋漓的鲜血。这是怎样的哀痛者和幸福者？”这是鲁迅先生对“猛士”的定义。我们是普通人，或许不需要这样极端地严格要求自己，但也应该用对自己全然负责任的态度和真诚来面对工作和生活中的一切困难，而不是一味地破罐子破摔。每个人都有着巨大的潜力，有些人不断地发掘自己，充分展示着自己的价值，但也有很多人任凭潜力逐渐消减，直到完全消失。

记得多年以前，我出差去西北的一个城市。作为品牌总部来的人，我需要对当地代理商客户的员工进行培训指导。代理商客户告诉我：“我这里的导购都有多年的工作经验，他们一般都做销售十年以上了，你来这里，只需要给他们讲一些高端的、市场资讯方面的知识就好，其他的他们都懂。”我糊里糊涂，点头说好。随后我来到了商场专柜，以神秘顾客的身份了解导购们的服务水准和销售技巧，结果却大跌眼镜，这些具有十年销售经验的导购连最基本的专业知识都不过关。顾客一来，先是“欢迎光临”，然后千篇一律地介绍：“这是纯棉的，这个也是纯棉的。”其实那些商品根本不含一点棉。先不说技巧了，对商品的了解都不够。当我看到他们的工作状态时，我是心痛的。十年来他们并没有对自己的工作全心全意，而是得过且过，混日子。

导购中也不乏一些一心想找个金龟婿当长期饭票，自己做全职太太的人，这让我更加心痛。记得《非诚勿扰》举办过一期“英国专场”，那一期的女嘉宾都很独立，当时就有微博网友对此期节目进行了精辟的评论：“看英国专场最直接的一个感受是，当女人经济独立时，她对男人的要求也会从平面的财、貌上升到立体的人格魅力。因为她离开了任何一个男人都能活得很好。这种物质上的从容，让她放慢了对婚姻和爱情追逐的脚步，不再像猴急的大姑娘，拼命想嫁给一口锅，而不管这锅是什么材质的。女人，只有经济独立，才更有底气做其他事。”

很多人认为导购是吃“青春饭”，门槛低。但是请记住一点，“三百六十行，行行出状元。”职业也是一样，即便是再普通甚至卑微的职业，也会有很大的发展空间。

我接触过零售行业的很多老总和人力资源总监。每当我问他们最缺什么人时，他们通常会回答我：“优秀的导购和店长永远不够。”因为很少有人意识到这份职业拥有广阔的前景，这个行业拥有顽强的生命力，以至于导购们在工作时不够投入，所以这方面的人才永远稀缺。

正是因为很多人不知道把握机会，所以，善于把握机会的人，才有更多的空间发展。

亲爱的导购们，希望你们能够找到自己的位置。

记住：

善于规划自己，掌控自我的人，也更容易走向成功；

幸福，不是靠他人给予，而是要靠自己创造的；

任何收获都不会平白无故地来。

目 录

第三章 导购不“听话” 你怎么办？

第四章 导购的负面情绪 你知道吗？

第五章 导购的挽留

从何时开始?

第一章

完美导购的甄选 是这样吗?

外表或年龄并不是我们选择导购的唯一因素，综合能力才是硬道理。我们在选择导购的时候，不仅要使候选人符合核心客户群的定位，还要明确“适合比完美更重要”这一原则。

“我的人真的不行，为什么好的导购这么难招呢？”

“给我来点优秀的人吧！”

这是许多公司老板和人力资源负责人的心声，他们求贤若渴，想要招到优秀的员工，尤其是优秀的终端门店销售人员，因为公司所有的盈利都是从门店而来。

如果说员工的工资是公司老板发的话，那老板的工资就是顾客发的。有顾客，才有业绩；有业绩，才能赢利。所以，直接面对顾客群体的终端导购尤其重要。

那么，什么样的导购才是完美的导购？门店管理者到底应该如何配置门店的员工呢？这一章，就让我们一一来破解心中的谜团。

疑难与攻略 1：新店导购怎么配置？

品牌加盟商刘兵最近新开了一家门店。

新店因为刚刚开业，人员都是新招聘过来的。为了多观察，以便从员工中挑出最优秀的人做店长，刘兵就没有在店铺设置明确的岗位，大家都是导购。同时，刘兵根据店铺的情况随机安排工作。每个人都可以独立负责一些事情，同时又兼顾其他工作，但一段时间之后他就苦恼了："他们每个人都很出色，但偏偏让其中任何一个人安排其他人工作的时候，他们就好像丧失了能力。"店铺中缺乏一个好的统筹、组织、管理者，以致没有一个人可以起带头作用，门店业绩也随之下降。

从案例一中可以看出品牌加盟商刘兵在用人方面是按人定岗，这存在着一个很严重的问题，即他没有设置一个统管店铺的职位，在店铺运营过程中没有负责组织、管理、统筹的管理人员，导致对工作的分配和安排没有做好充分的计划，处理问题滞后，工作效率不高。

加盟商和代理商在配置新店员工岗位时应注意:

在考虑如何用人的时候，首先要考虑每个岗位可以产生的价值及各需要多少人，什么样的人合适，应该投入多少成本培养。而对员工来说，从事带有激励性质的工作会更有乐趣，会有更多被领导发现潜质的机会，有利于个人发展。因此代理商、加盟商在用人时应先了解员工的性格、经验与期待，并依岗位的要求安排员工胜任的工作。

例如，新店铺设置三个岗位:店长、导购、收银员。代理商和加盟商在安排员工岗位之前，要先了解这三个岗位所需要的人是销售型、技术型还是监测型，再进行人员的工作分配。

销售型岗位（导购）需要的员工必须性格外向、脑筋灵活、信息灵通、勤快、善于与客户沟通、有扎实的销售基础、待人热心、不怕困难。

技术型岗位（收银员）需要的员工必须具有专业数据分析技能、理解能力强、有耐心、认真且能锲而不舍地完成任务。

监测型岗位（店长）需要的员工必须能理性判断事情、冷静沉着、善于分析销售数据、工作责任心强、反馈信息及时、情商高、表达能力强。

诀窍一点通:

配置新店员工要找对人，用得好，让他愿意干，再加上让他有满足感。

K品牌在华南地区的业绩一直很好，尤其是W市，更是K品牌的重点市场。于是公司决定今年在W市再开拓几家新店。

为了提升整体区域市场的销售业绩，K品牌华南市场的区域经理小赵按照“好马配好鞍”的原则，为新开的A店配置了最好的导购，又将一直以来业绩相对差一些的 B 店中最优秀的导购也调往 A 店，以增强 A 店的导购力量。如此一来，B 店导购数量不足，又没有额外的导购资源补充，小赵决定暂时让商场的营业员代售 B 店的商品。

一个季度以后，问题出现了。

由于 A 店的地理位置及商场整体条件都非常高端，具有先天的市场优势，而且区域经理小赵又积极配置了最强大的导购团队，所以，A 店的销售额非常好。可是同市其他店的销售额却均有不同程度的下滑。小赵深入了解之后发现，由于他之前把全市最优秀的导购都调给了 A 店，其他店的导购力量明显减弱，而且其他店的导购认为 A 店业绩好是卖场环境的原因，与导购能力无关，所以都希望调往 A 店工作。由于愿望得不到满足，他们的工作积极性普遍降低。这使本来销售力量就已经减弱的其他店铺在这种负面情绪的影响下，更加一蹶不振。

终端是实现销售的最后一关，也是商品产生利润的主要环节，80% 的销量都来自终端。因此，“终端为王”“决胜终端”“终端拦截”等名词就成了零售业的热门词汇，从高层营销主管到一线管理人员，言必谈终端促销，行必到终端走访。赢得了终端，便会赢得市场，这已成为营销人的共识。

然而，令很多高层管理者困惑的是，硬终端建设都很到位，软终端导购培训也做了不少，但就是不见区域内商品销售业绩有所增长。为什么公司对终端建设下了很大功夫，但终端的投入和产出比仍不能令人满意呢？问题究竟出在哪里呢？

难题：好商场配好导购，单店销量上升，区域市场总体销量反而下降。

对策：其实我们并不需要把所有好鸡蛋都放在一个篮子里。人才荟萃的地方未必能产生 1+1 ＞ 2 的效果。

区域经理可以通过合理配置卖场的导购，实现区域整体销量的提升。例如，A 级卖场由于地理位置的先天优势，成交相比其他卖场容易，但另一方面，好的位置客流量也更大，公司对其销售额的要求也更高。所以，导购团队不一定需要全部由销售能力最强的 A 类导购组成，可以安排 A 类导购负责接待难度较大的顾客，另配备少量的 C 类导购。一方面，C 类导购可以应付普通顾客，确保销量的稳定；另一方面，他们可以配合 A 类导购完成销售。

B 级卖场也需要安排优秀的 A 类导购，数量不一定多，但一定要有。安排 A 类导购去 B 级卖场，可以充分发挥 A 类导购的优势，实现 B 级卖场销售额的提升。

同理，在 C 级卖场安排导购能力较强的 B 类导购，可以充分发挥 B 类导购在 C 级卖场的优势，实现卖场销售业绩的提升。

诀窍一点通：

最好的导购全部集中在最好的卖场，不一定能产生翻倍的业绩。在一定的条件下，同区域要兼顾每个卖场的人员配置，争取整体能够取得最好的效益。

锦囊一：招聘时就要清楚每位员工的特点及其是否能胜任工作

终端店铺招聘店长应该考虑什么

初试：从简历当中了解应聘者的工作经验（之前工作的实质内容），判断应聘者过往工作经历的真实性；判断应聘者是否与公司招聘的岗位职责要求相吻合，是否具有稳定性。

复试：应聘者的实际工作态度及是否掌握相关行业的专业知识；考核应聘者的店铺经营管理能力、应变能力、灵活性，处理紧急问题时的方法技巧，是否具有团队精神。

终端店铺招聘店员应该考虑什么

初试：通过应聘者的工作简历，了解应聘者之前工作的性质；判断应聘者有无相关的工作经验；判断应聘者的性格是否符合相关岗位的要求；初步判断应聘者与需要招聘的岗位要求是否吻合。

复试：主要是进一步了解应聘者的灵活性和应变能力、责任心；是否很能吃苦耐劳；工作是否具有稳定性。

锦囊二：没有做好充分准备，不要轻易开店

许多门店管理者以为店开了，人可以慢慢招。错！如果店铺人手不足或没有合适的导购，那店开得越早，开得越久，损失就越大。因为店开了，不管生意如何，每天固定的费用，例如电费、水费、房租、员工工资等，都在一笔笔消耗……另一方面，在这个亏损的过程中，某些门店管理者可能会“病急乱投医”，随便招些没有经验或能力不合格的人来凑数。其实，这是对店铺及品牌声誉最大的伤害。

作为顾客，他不会体谅你这是一种特殊情况，你们店或者品牌大多数时候都不是这样。顾客只会想：原来他们的服务也不过如此，导购的素质也不高，真是太失望了，以后不会再来了。因为有了糟糕的第一印象，如果店铺以后想要挽回这位顾客，或者挽回开店初期因为服务问题流失掉的那群顾客，就要付出加倍的努力，展现加倍的诚意，如此才有可能把顾客的好感度拉回来。

店铺新开业阶段的状态和业绩，非常重要，直接决定了公司对你们店业绩的认知和期望。

诀窍一点通：

新店开业时的人员配置，直接决定了顾客对店铺的第一印象，因此做好新店人员的配置工作非常重要。

锦囊三：合理的人员搭配

单店要兼顾员工的类型搭配和能力平衡。如果是区域店铺，就必须合理搭配整个区域每家店的人员配置。优秀员工扎堆不一定适用于店铺的实际经营，要想让人员配置的效果 1+1 ＞ 2，区域内店铺的业绩均有提高，必须保证整个区域的业绩平衡。

锦囊四：合理排班非常重要

给导购排班也是重要环节，具体有以下几点需要注意：

最好不要安排导购在节假日休息；

周一至周五，可安排导购在店里不那么忙时调休；

两个店助（即店长处理）不能排在同一个班；

新手和熟手的搭配要均匀；

根据生意繁忙程度随时安排“特别班”；

试工期间不能把师傅和徒弟分开；

固定导购负责特定的区位，以便他们掌握货品信息；

两名导购最好不要排在同一天调休。

欧阳寄语：店开了，只是万里长征的第一步。

疑难与攻略 2：选导购，漂亮的好还是不漂亮的好？

加盟商万小姐经营着一家高档女装品牌专卖店，店铺装修得非常高雅，来购物的顾客也都是有一定经济实力和注重生活品质的中年女性。所以，在开店之初招聘导购时，万小姐更倾向于选择形象好、气质佳的女孩子，她认为这样顾客看着赏心悦目，导购的形象与品牌的高端定位也比较相配。

但是，当又开了两家新店后，万小姐的想法变了。

因为其中一家新店的装修提前完工，开业时间比万小姐预计的要早，两家新店几乎是前后一周内同时开业的。这下万小姐就来不及从容地招募新导购了。又加之老店储备的导购不够三家店同时使用，所以万小姐临时招募了一批资质一般的新导购来顶岗。她计划着先把店开起来，待一切稳定之后再把自己不满意的员工换掉。

这批新导购里有一个叫小蔡的女孩，为了男朋友刚刚来到这个城市。她有销售经验，和顾客交流没什么障碍，人也干脆利落，性格很爽朗。可惜形象差了些，而且身高只有一米五四，皮肤黝黑，尤其当小蔡和店铺里其他亭亭玉立、白皙清秀的导购站在一起，她更显得土头土脑，缺乏气质。

一贯追求完美的万小姐心里很不满意，但苦于新店刚开业，人手不够，而这个小蔡起码沟通能力挺强，又能吃苦耐劳，店铺里最脏最重的活儿她都主动去做，接待顾客也是最积极的。看在这些优点的分儿上，万小姐只好先忍耐下来，心想等过段时间招到更好的导购就把小蔡辞退。

三个月之后，结果却出人意料。

没想到，连续三个月，店铺的销售冠军都是小蔡，而且她的业绩比排名第二的导购的业绩高出一大截。不仅如此，店铺这三个月的《顾客档案资料登记》也显示，小蔡培养的老顾客也是最多的。看来顾客并不讨厌她，甚至还挺喜欢她，这到底是怎么回事呢？

诀窍一点通：

导购的相貌并不等同于业绩，甚至有时候相貌和业绩会成反比。

经过一段时间的观察，万小姐发现，也许是因为知道自己的外形条件不如其他导购，小蔡在其他方面比别人更加努力、更加用心。

每当有顾客来，小蔡绝对是导购中最主动、最有服务意识的。在销售的过程中，小蔡也使出了浑身解数，对顾客的服务无微不至。顾客刚开始看到她时都有些不以为然，但慢慢地，顾客都能感受到她全心全意的付出，并最终被她的热情感染，被她的执着感动，纷纷埋单。除此之外，还有一点是万小姐之前疏忽的，店铺里的导购个个都年轻漂亮，而前来购物的顾客多是中年女性，不免身材走样，特别是和这些年轻女导购比起来，顾客就会觉得自己真的老了。尤其是在试衣服时，总感觉自己不如身旁服务的导购苗条大方。但是站在小蔡的身边感觉就不同了，顾客有了自信，再加上小蔡个性爽朗，时不时跟顾客做做比较，并自黑一下，顾客往往就在一片笑声中开开心心地购买了。

真是“有心栽花花不开，无心插柳柳成荫”。万小姐没想到自己精挑细选的美女导购们销售业绩平平，而起初自己看不上的小蔡却成了店铺的销售“福星”。最终，万小姐不仅没有辞退小蔡，反而还重用了她。

我们来看这样一则招聘广告：

招聘：女装导购

要求：身高 1.60 米以上，五官端正，体貌匀称，形象气质佳。一年以上销售经验，善交流沟通，亲和力强，有服装行业工作经验者优先。

工作地点：略

薪资待遇：略

因为门店导购这份职业是要和顾客打交道的，所以很多门店管理者在招聘导购时都把形象作为首要的要求列出来，招聘启事上第一条就是形象气质佳。这几乎已经成了一条约定俗成的标准。就像案例中的万小姐，也是喜欢漂亮的导购，觉得她们可以让顾客赏心悦目，提高品牌形象档次。

其实不只是零售行业，在很多其他行业，面试官往往也会以貌取人，导致许多求职者陷入了被以貌取人的尴尬境地。新浪女性频道曾报道：一项有 45098 人参与的调查显示：94.7% 的网友肯定了容貌的重要性。而每年寒暑假都是学生整容的高峰期，其中甚至不乏一些未成年的孩子。不少整容项目学生参与的比例已经超过了上班族。"不整容带不出去"的观点博得了许多家长的认同。而在某网站进行的"关于职业与相貌关系"的辩论中，同样证明了大多数人觉得相貌决定着收入、相貌好坏影响着就业机会。

看来，漂亮的孩子惹人爱，漂亮的员工也惹人爱。但在实际工作中，漂亮的导购真的就是万能的吗？无独有偶，笔者也曾遇到过这样一件真实的事情。

一对情侣走进一家高级男装品牌的店铺，店里最漂亮的女导购主动上前接待。这位男顾客一边跟导购有说有笑，一边试穿衣服。结果非常奇怪，不管男顾客试什么，旁边的女顾客都黑着脸说“不好看”。店长看情况不对，赶紧换了个形象一般但处事稳重大方的导购上去，推荐的是同样的衣服，女顾客竟然没有任何意见，二话不说，全部埋单。

诀窍一点通：

当情侣走进门店的时候，一定不要让最漂亮的导购迎接，小心适得其反。

我们通常认为漂亮的女生好做销售，能够得到顾客的欢心，但事实并不一定是这样。这个案例中的漂亮导购，无疑是让女顾客产生了醋意，即使对商品很满意，也拗着坚决不买。但在店长调换了导购之后，奇迹发生了。同样的商品，女顾客和颜悦色地全部买下。这是一件很有意思的事情，但也是人的正常心理现象。

还有这样一种说法：商场的楼层越高，导购的长相就越差。一般情况下，商场的一楼都是化妆品、珠宝之类的柜台，或者一些大品牌的店铺，这些商品对导购形象的要求比较高。接下来，二楼是少女装，三楼是淑女装，四楼是男装，五楼是家纺内衣等。因为商品属性的不同，所以对导购形象的要求也不同。

锦囊一：全部聘用美女导购未必是好事

其实，如果店铺里的导购都是美女也并不见得是一件好事，因为美女一般不好管理，而且不一定每位顾客都喜欢美女。适当穿插一些相貌平平的导购，比如案例中的小蔡，也是不错的选择。这是因为，他们知道自己的外形条件不如别人，反而危机感更强，做事更加努力，最终也会得到意想不到的效果。

有时候，太漂亮的导购甚至会让顾客有压力。尤其像案例中的万小姐的店铺，因为顾客群体多是中年女性，她们有经济实力，有高品质的生活，但同时，时光也磨去了她们身上的光彩。漂亮的女孩子会让她们有压力，相当于提醒她们，她们已经老了。

诀窍一点通：

过于漂亮或者过于高大的导购，都可能会让顾客有压力。

所以，漂亮与不漂亮都是相对而言的。太漂亮的导购未必好，除了容易让顾客有压力，他们与相貌一般的导购比起来诱惑更多，机会更多，很容易工作不稳定，跳槽频繁。其实，只要长相看着舒服，符合大众的审美，端庄大方就可以了。光漂亮没有用，能和顾客有良好的沟通，踏踏实实做出业绩来，才是实实在在的能力。

锦囊二：导购的服务意识比五官更加重要

长相是天生的，而优秀的工作能力可以通过后天努力得到。

曾经有一些极端的零售行业HR提倡聘用相貌平平的女孩，理由是这样的：女孩往往多才，而漂亮女孩大多是花瓶。确实，有些长得漂亮的女孩子第一眼就能让人怦然心动，但在和顾客沟通的过程中技巧拙劣、见识粗浅，反而会让顾客有心理落差，对品牌的好印象也会消失，这种情况并不鲜见。但凡事没有绝对，漂亮的导购也不一定都虚有其表，而长相一般的女孩子也不一定个个都是才女。

无论是漂亮的导购还是不漂亮的导购，如果服务意识不强，对顾客的服务做不到“以客为先”，那我相信，顾客肯定就不会喜欢。能够用真诚的服务态度去对待每一位顾客，这样的导购才是好导购。在此基础上，漂亮了是锦上添花，不漂亮也无关紧要。

所以，选择导购，好的服务意识比五官更重要。不管是什么样的外表，导购的服务意识好，能够做出来业绩才是硬道理。

锦囊三：灵活安排导购才能事半功倍

为了满足不同顾客群体的需求，店铺的导购类型也不妨多样化一些，在条件允许的情况下，导购团队里可以既有长相甜美、身材高挑的美女导购，又有长相一般但踏实肯干的一般导购。

除此之外，男性导购和女性导购也可以搭配使用。

著名的女装品牌“白领”，在早些年率先选用男性做导购，而且做得有声有色，业绩在同行中遥遥领先。“白领”是一个成熟女装品牌，主流顾客群体是成功的中年女性。而店里男性导购的赞美对于这些中年女性顾客来说，“杀伤力”不是一般的大。况且异性相吸，男性导购的夸赞也可以满足女性顾客的虚荣心。男性导购甚至可以用男性的眼光帮助女顾客选择更加适合自己的衣服款式，这样往往会达到事半功倍的效果。

导购的选择标准应该是符合品牌定位，和品牌的主流顾客群体有共同语言，能够征服顾客的心。与此同时，也不必刻板地规定门店导购的类型，多样化的导购可以给不同性别、不同身份、不同需求的顾客更好的服务。

欧阳寄语：外表不是选择一名导购的首要因素，综合能力才是硬道理。

疑难与攻略 3：选导购，年轻的好还是年长的好?

张老板开了一家国内某童装品牌的加盟店。

选品牌、挑位置、跟装修、订货品、找员工……经过三四个月紧锣密鼓的筹备，张老板的店终于开张了。本以为这下自己可以松口气，清闲一点了，谁知，在管理上，张老板又犯起了愁。

因为以前没开过店，更没有管理员工的经验，张老板为了避免招到“老油条”，特地招来了两三个刚毕业的女孩子当导购。谁知，刚开业第三天，张老板就被店里一名年轻导购气着了。这名导购在家里大概也是娇生惯养的，对顾客很不耐烦，顾客刚挑剔一下，她就受不了了，跟顾客顶嘴，害得张老板跟在后边使劲儿跟客户道歉。

一个星期后，又一名导购提出了辞职，原因是觉得在这里上班没意思。这一下，张老板吃够了年轻导购的苦头，觉得这些年轻的小姑娘用起来真是让人头痛，不稳定，还动不动就得罪顾客。

那么，选导购，到底是年轻的好还是年长的好？选导购跟年龄有关吗？

得人才者得天下！一切竞争，归根结底都是人才的竞争。选人用人，关乎门店的业绩。人们常说，选对人，用好人。那么，选导购跟年龄有关吗?

一些特殊商品的销售确实对导购的年龄有一定的要求。例如，销售孕妇装，最好选择已婚已育的导购，她们自己有怀孕和生育的经验，这样在核心顾客群体——孕妇来购买衣服的时候，才能够给予她们更多切身、实用的建议。因为导购本身是“过来人”，即使是谈及婚育等私密话题时，也更容易获得顾客的信赖，从而使顾客选择导购所推荐的商品。而休闲运动商品的顾客群体是热爱运动，喜欢休闲生活的年轻一代。所以，这类商品的导购也应该选择年纪比较轻，同样热爱运动休闲的年轻人，这样，导购和顾客才会有更多的共同语言。

所以，导购到底是年轻的好，还是年长的好，这跟所销售商品的定位和核心顾客群体的年龄层有很大的关系。

案例中的张老板开的是童装店，选择了年轻女孩做导购，他认为她们自己还是大孩子，跟小孩子会更有共同语言。但来买童装的其实并非孩子本人，而是他们的监护人——妈妈、爸爸，或者其他长辈。张老板招的这些刚刚毕业的女孩子都还没有成家，更没有育儿的经验，对孩子的习性并不了解，所以很难和孩子的父母及其他长辈，也就是购买童装的真正顾客，有共同语言，也就很难透彻地了解他们的想法，把商品销售出去。

诀窍一点通：

选导购，要符合核心顾客群的定位。

在国外，很多品牌选择导购的标准和国内不一样。例如，他们可能会雇用一些年龄比较大的阿姨来做销售。这些阿姨有着年轻的心态、灿烂的笑容，同样也会让顾客感觉非常舒服。当然，前提是她们对自己的职业非常认同、热爱，并且有足够的专业知识和技巧说服顾客，获得业绩。这些阿姨一般拥有较高的专业素养，很多公司认为她们比年轻人有更好的判断力去维护与客户的关系。

不同的品牌定位和不同的顾客群体决定了导购群体的不同。但凡事没有绝对，如果一名导购各方面的条件都非常优秀，并热爱这份职业，热爱这个品牌，我相信，就算他的年龄与商品定位并不符合，也一定可以突破年龄的限制，最终成为一名合格甚至卓越的导购。

锦囊一：年龄不是问题，问题是顾客需要什么

你的商品品类是什么？顾客群体的特点是什么？什么样的导购更能代表你的品牌形象？这些是门店管理者首先要考虑的问题。至于年龄，社会中不乏30岁的年龄，却有着20岁阳光心态的人，所以，年龄并不是招聘的硬性要求。有些店铺在招人时列出一堆硬性要求，把真正优秀的导购拒之门外，其实非常可惜。

锦囊二：相对于年龄而言，能力、态度更重要

导购面对的是人，推销方式也应该是心和心的交流，用热情去感染顾客，热情所散发出的活力与自信也会得到顾客的共鸣。而正在工作岗位上的员工既然选择了导购这份职业，就应该做好自己的本职工作，让好的心态使工作更加顺畅。

在实际工作中，门店管理者经常会遇到一些这样的员工，他们的具体特征如下：

为生活所迫，找工作比较困难；

家庭宽裕，工作只是为了混混日子；

为了锻炼自身，为了谋求更高的发展；

容易见异思迁，工作不稳定。

不同的环境，不同的出身，造就了不同心态的员工。门店管理者在实际招聘过程中要多多注意应聘者对于零售业的看法与对工作的态度，避免所用非人，造成麻烦。

强烈的销售意识是导购对工作、企业、顾客和事业的热情、责任心、勤奋精神和忠诚度的结合，它促使导购发挥主观能动性，克服客观困难，发现或创造出更多的销售机会。

锦囊三：千万不要走入个人喜好的误区

面试导购时往往会因为面试官的个人喜好，导致结果与期待大相径庭。例如，星座选人、八字选人、面相选人等方法，无疑就走入了这样的误区。还有一些面试官喜欢选和自己相像的人，例如自己是踏实内向的，就偏爱和自己一样踏实、务实的应聘者；面试官自己是开朗活泼型的人，就偏爱活泼外向的应聘者。

每个人都会有自己偏爱的性格，这是难免的。但是，从管理的角度上看，综合整个销售团队的优劣势，取长补短才是最重要的。

欧阳寄语：选导购，适合的就是最好的。

疑难与攻略 4：选导购，销售能力和态度哪个更重要？

代理商刘老板的门店每年都要进行一次“人员大换血”，淘汰能力差的导购，加入新导购，让团队保持活力。但今年的情况让刘老板有些为难。

A 店是刘老板所有的门店中面积最大、业绩最好、开店时间最长的，店里的每名导购都是刘老板精挑细选的，颇费了一番心思。在 A 店中，目前综合能力较差，濒临淘汰的有两个人，刘老板要在这两个人中淘汰一个。

一个是阿慧，她已经是 A 店的老导购了，跟随店铺成长起来，销售能力很强，曾经也是刘老板的得力干将。但随着刘老板之后又新开了几家门店，之前跟她同期的那拨老导购也一个个升职加薪，在其他门店担当了重任，阿慧因为综合能力比其他老将差，且自己不能做好表率，小错不断，所以一直作为一名普通导购留在 A 店，待遇也和其他刚入职不久的导购一样。为此，心里本就有意见的阿慧更加爱发牢骚了。因为资格比较老，所以她的言行也经常影响周围的其他导购。阿慧渐渐成了刘老板的“肉中刺”。所以，这次“换血”，阿慧自然进了淘汰的名单。

另一个叫小乔，年龄不大，人也长得娇小可爱。虽然她来 A 店只有半年时间，但工作却做得踏实用心，与大家配合默契，同事们也都挺喜欢她。她的唯一劣势是销售经验不足，业绩经常在A店中排在最后。如果以业绩作为标准，这次被淘汰的人毫无疑问就是小乔。

到底是淘汰阿慧，还是淘汰小乔？是要销售能力强但心态不好的导购，还是要心态好但销售能力不强的导购？刘老板陷入了沉思。

作为A店这样的大店，又处在城市的重要商圈，店铺氛围和同事之间的配合尤为重要，所以A店的员工要个个都是精兵强将，每个人都是刘老板精挑细选的。如果这家龙头店乱了，其他分店会很受影响。而A店目前不缺销售高手，缺的是和谐的氛围，导购的团结一致。

诀窍一点通：

门店管理者首先要分析自己门店的情况，以及现在的人员需要，了解什么样的人员配置是店铺里最适合、最急需的。

阿慧虽然有较丰富的销售经验，也有把握顾客的能力，但是她的负面影响太大。因为是老导购，她的一言一行都代表着在公司工作多年的老导购的形象，她的工作态度和做事风格会无形中影响很多员工的工作方式和发展方向。但很遗憾的是，阿慧起到的只是负面作用，并不能正确地引导新导购。小乔虽然目前的销售能力在门店中排名最差，但她态度良好，积极进取，是有培养空间的。而且，小乔生性温柔，心态乐观，不管是和同事还是和顾客的关系都很融洽，留这样的员工在门店，店铺的氛围只会更简单、更纯粹，而不会越变越复杂。相信只要对她加以适当的引导，不久的将来，她一定会得到顾客的青睐，销售能力更上一层楼。

因此，刘老板做出了决定：辞退阿慧，留下小乔。

销售能力强、工作又踏实的导购是所有门店管理者都想得到的完美员工。但我们在实际工作中会发现，鱼与熊掌不可兼得。遇到两难的情况，门店管理者可以以当下店铺的实际情况和现阶段的需要作为参考标准，决定导购的取舍。但另一方面，门店管理者应该注意的是，销售能力的高低也许只能决定导购一时的业绩，但导购服务态度的好坏却决定着品牌和店铺的声誉。

我曾写过一篇文章，分析了在销售过程中是能力重要还是态度重要的问题。摘录过来，以供参考。

销售能力与服务意识

（该文发表于《中国美妆》杂志2011年7月刊，为欧阳海森老师专栏文章）

今天在我的课堂上，有学员提出了这样一个问题：她的店铺里有一名之前做散货销售的导购，身上有很多做散货的习气和销售习惯。简单来说，这个女孩子的销售能力挺强，口才也很好，但言行不规范，对顾客的服务做得不细致，给人的感觉不像做品牌专卖的。而且，她自我感觉还挺良好。遇到这样的员工该怎么办呢?

听完这位学员的话，我陷入了思考。

很多老板都希望能招到销售能力强的导购，认为店铺有这样的导购，业绩就不会差。但实际上，销售能力强和服务意识好是两码事，服务意识好的导购销售业绩一定也不错，但销售能力强的导购不见得服务意识也好。

那么，只注重销售的导购和服务意识好的导购接待顾客时会有什么区别呢?

有一位顾客来到了一家化妆品店铺。销售能力强，但不重视服务的导购可能会这样接待：

“小姐您好，欢迎光临。请随意看一下。”导购殷勤地上前服务。

顾客说：“谢谢。”

导购马不停蹄，推销商品：“现在有新品正在搞促销，×× 品牌的粉底液买一送一，买一瓶粉底液可以送一盒蜜粉，很划算哦。您到这边来看一下。”说着指引顾客到彩妆柜台。

“是吗？挺划算。不过我不怎么需要哦，刚买过不久。”顾客准备到其他柜台看看。

导购忙说：“小姐您稍等，现在买真的很划算，这样吧，我再多送您一副粉扑，这样您买一盒粉底液就可以连蜜粉和粉扑都有了，从来没有这么大的优惠哦。真的好划算好划算。前段时间还只是打九折呢，现在您不买就太可惜了。”导购眨着大眼睛，目不转睛地盯着顾客。

“我还是觉得不太需要这些东西。算了，再看看吧。”顾客委婉地说，同时准备走开。

导购急了，说：“小姐您等一下，粉底液真的很划算，不买太可惜了。我们内部员工都买了好几套呢。而且只限这两天有活动，过了这两天就没有了，又恢复原价，顶多打九折，到时候您再买就不划算了呀。而且保质期有三年呢，您可以先买，到时再用。我帮您开单吧？”说着拿出小票，意欲帮顾客开单。

顾客有些犹豫，但看到导购把小票都开了，最终还是埋了单。

这名导购完全不了解顾客的需求，只是站在自己的立场在卖商品，拼命地推推推，卖得很费力，同时顾客还不情愿。虽然最后商品卖出去了，但也容易出现顾客回去之后又反悔，然后来退货的情况，即使不来退货，也会让顾客厌烦，认为：这个店铺的人好厉害，不想买最后都不得不买，下次再逛到这里要绕道走，不能再让那女孩子给蒙了，糊里糊涂就买了一大堆。

而换一个服务意识好的导购，可能情形又有所不同。

“早上好，小姐，欢迎光临。”导购面带微笑，亲切招呼。

顾客“唔”了一声，随意逛逛。

导购主动上前询问：“小姐您今天是想来选彩妆商品，还是想选一些基础护肤类的？我可以帮您推荐一下。”

顾客说：“有个同事的眼影很好看，好像就是你们这个牌子的。但我逛了一圈好像没找到哎。”

导购微笑着说：“哦，是吗？那您告诉我是什么颜色的眼影，我来帮您找好吗？”

顾客回忆：“就是那种蓝紫色的眼影，同事用那个颜色好漂亮的。”

“是吗？您说的应该是这个颜色吧？”导购一边说，一边拿出一款蓝紫色的眼影展示给顾客看。

顾客开心道：“没错没错，就是这个，快，帮我拿一盒，颜色真漂亮。”

导购说：“好的，请问您是给自己用还是送人啊？”

顾客回答：“我自己用。”

“哦。其实是这样的，小姐，我刚才看了下您的肤色，您的肤色偏暖，蓝紫色的眼影可能更适合一些肤色偏冷的顾客，这样和肤色、发色都会很协调。您选眼影的话，可能偏暖一些的金色会更加适合您，您不妨试一下。”导购说着拿出另一款金色的眼影。

“是吗？”顾客狐疑地看了看导购。

导购说：“是的，小姐。您放心，把美丽带给每位顾客是我们品牌的职责，我们绝对会帮顾客寻找到最适合她的化妆品。您平常有没有注意自己穿什么颜色的衣服好看?”

“好像穿橙色、咖啡、米色比较好看吧!”顾客歪着头在回忆。

“一般来说,衣服的颜色和彩妆的颜色应该相呼应的,一方面是因为这样看起来整体效果比较协调,另一方面是通过服装的颜色更容易找到适合自己的彩妆颜色。我也想把您打扮漂亮呀,这样您从这里走出去我们也有面子嘛。”导购轻松地和顾客开起了玩笑。

顾客钦佩地点了点头,“没错,你还真的挺专业的。看来我之前的化妆品都用错了呢,选的都是不适合自己的。怪不得怎么化都不好看。”

导购微笑道:“其实您的肤色很好,象牙白的颜色,很纯净、很细腻,也是典型的东方肌肤,好多人都很羡慕呢。您只要选对适合自己的化妆品,一定会变得更美丽。来,我帮您试用一下。”

顾客点头说:“好。”

后来,这位顾客高高兴兴地买了金色的眼影,又让这名导购帮她推荐粉底、唇彩等,最后选购了一整套的彩妆系列。

过了一个星期后,这位顾客又来了,说要感谢上次为她服务的导购,说同事们都说她现在越来越漂亮了,还得感谢导购帮她买到了适合自己的彩妆。现在基础护肤的商品也快用完了,她特地来让导购帮她选择一下。

不用说,这位顾客已经成为这个品牌的忠实顾客了。

很多门店管理者会错误地以为,所谓能力强的员工,就是嘴巴会说,口才好,能把客户说得无话可说,不得不买的员工。我不知道大家自己作为消费者的时候,有没有这样的感觉:有时可能会一时迷糊买了东西,回去之后却后悔莫及,深恨自己上了导购的当,发誓以后再也不去那家店铺了。

做销售永远都在做长期销售,而不是短期销售,更不是单纯谋求一次性的成交。走进现在的零售市场,你会发现,单纯嘴巴会说的导购已经不是顾客需要的了。越来越多的顾客变得更加理性。嘴巴会说也许会让顾客购买一次，但他早晚会发现这只是一次冲动的购买，所以仅仅嘴巴会说并不能让顾客有继续想在你的店铺购物的欲望。

而一位顾客的价值远远大于一次购买的价值，这是大家都清楚的道理。现在的品牌这么多，竞争越来越激烈。导购单单口才好还算不上能力强，只有服务意识好，能够帮助顾客解决问题，站在顾客的立场上去思考，进而成为顾客的朋友，让顾客愿意长期来购买，才算是真正的销售高手。

我做零售经理的时候，手下有一名店长，她的销售就可以做到这种地步，不管她到哪个店铺，一帮老顾客都会跟着她。她调到城东，那帮顾客就跟到城东；她调到城南，那帮顾客就跟到城南。这是一种很奇妙的现象，同时也说明了这名店长的个人魅力真的很大。做销售做到这种地步，真的是非常不错的。而我相信，仅仅是口才好的导购很难和顾客好到这种地步，让顾客如此信任。只有服务意识好的员工，才能够对顾客有这样的吸引力。

所谓的口才好、销售能力强，往往只是个误区，并不能真正为门店和品牌创造长期的效益，得到的只是顾客短期的不得不买，而接下来顾客却不一定会再光顾。导购具有良好的服务意识，才是让顾客愿意长期消费的重要原因。

锦囊一：员工的留与不留要看店铺处在什么阶段，店铺最需要什么

诚然，高超的能力与好的心态兼备的导购是完美的，但往往鱼和熊掌不可兼得。如果最近门店的销售业绩很差，那么店铺对导购销售能力的需求可能是最大的。如果一切都还在可控范围内，那么宁可损失一些销售业绩，也要换取团队的积极向上和顾客的长期满意。

锦囊二：心态不好比能力不足影响更大

案例中的阿慧，因为其资深导购的身份，她的言行在员工当中颇有影响力。在这种情况下，如果她的心态不够积极，可能就会影响整个团队的士气和工作激情。团队和人一样，最重要的是精气神。

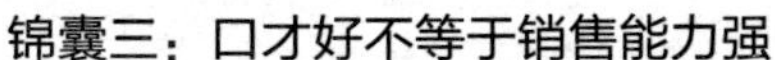

锦囊三：口才好不等于销售能力强

人们常会误认为擅长交际，口才一流的导购，销售能力一定很强，但事实并非如此。在《销售能力与服务意识》这篇文章中，也能窥得一斑。在消费者已经越来越理智的今天，单纯靠口才去说服顾客的销售模式早已过时，更多时候要靠导购对顾客无声的服务，真诚的关注，才能赢得顾客的青睐。而这时我们会发现，很多销售冠军并不是传统意义上的能言善辩之人，而是用他们的魅力征服了顾客。

欧阳寄语：能力可以培养，态度却很难改变。

疑难与攻略 5：完美的员工在哪里?

多年前曾经发生过这样一件事。

在华北某城市，零售行业的市场非常红火，服装门店的业绩也非常不错。某服装品牌加盟商为了提升销售业绩，取得更好的效益，特地从外地高薪聘请了一位之前推销羊绒商品的销售高手来他的门店任职店长。这位高手形象不错，性格据说也非常爽利，很善于与顾客沟通，在之前工作的品牌门店一直是大区销售冠军。这位加盟商爱才心切，开出了年薪十万元的待遇，除此之外，为了留住这位高手，加盟商老板还特意为她租了一套两室一厅的住房，配备全套家电，希望她能在这里安心工作。此举可谓十分有诚意。

为什么这位老板心甘情愿开出如此丰厚的待遇？究其原因是他爱才心切，求贤若渴，他认为完美的员工只要找得到、留得住，付出再大的代价也在所不惜。在这位加盟商老板眼里，这位高手就是他一直想要的完美员工。可惜的是，我很快就听说这位高手离职了。离职的原因很简单：老板的期望太高，高手的压力太大。销售高手和优秀店长是两码事。一个能做好个人业绩的高手，不见得能做好整个店铺的业绩。

分析

很多门店管理者都是追求完美的人，想要的导购最好像是从天上掉下来的，要形象有形象，要谈吐有谈吐，学历、素养、品位、经验一个也不能少，然后责任心还得强，最好还吃苦耐劳，“一夫当关，万夫莫开”。

事实上，如此完美的导购别说很难出现，即便真的出现了，他肯定也是“抢手货”，机会和诱惑会很多。试问，他能安心在你这里工作吗？你有那么好的平台和足够的人格魅力吸引这样的人才加入你的店铺吗?

之所以遇不到完美的导购，根源是没有用对人。这时，门店管理者应该自我反思：

我有没有根据个人喜好来用人?

我有没有在员工身上花费足够多的时间?

请记住——

找对人比做对事有效；

做对事比做好事有效；

做好事比不做事有效。

那么到底什么样的员工才算是比较完美的员工呢？建议管理者参照以下标准：

迎接顾客时，他的表现如何；

当店铺生意不如意时，他的表现如何；

当同事有困难时，他的表现如何；

他的销售业绩是否排在店铺前两名；

他能为顾客搭配三套以上的服装吗；

他能背下店铺 80% 的商品资料吗。

而如果这个人将来是要做店长或店助的，门店管理者还需要关注以下方面：

他是否有具体的优秀事迹，有让人信服的成绩；

他是否有坚固的人际关系基础；

其他同事和领导对他是否充分认可。

加盟商尚老板最近又开了一家新店。遵循以前的经验，尚老板给新店配置了两名老导购，两名新导购，希望能够尽快让新店铺走向正轨。

因为投资非常大，新店开业之后，尚老板非常关心该店的运营状况，一连三天都到新店检查工作，观察新导购的表现，结果却总是不尽如人意。都说现在好的导购不好招，确实是这样。观察两天后，尚老板看其中一名新导购做事不熟练，说："这名导购不行，做一点小事都弄得稀里糊涂，再看看，不行就换人。"

通过两天的观察就做出的判断通常是不准确的。试想新导购刚刚到店工作三天，对店铺的规章制度、商品尺码、款式、价格、特点、货品摆放位置都还不了解，这么多的知识要在短短的两三天内全部熟悉，其实是很难的。而在这么短的时间内以这些方面对新导购进行考核，对他们也是不公平的。

说到这里，可能有一些加盟商会说："导购应该具备很强的适应能力，来到一个新环境应该用最短的时间熟悉才行。"但其实，新导购到店以后，一定要有老导购带。前三天只能粗浅地了解新导购的工作积极性和适应能力，至于专业技能方面的测评暂时不宜做。

诀窍一点通：

每个人都是从新导购变成老导购的。对待没有工作经验的新人，不要过分挑剔，要给新人一定的时间来学习、表现。在这个过程中，也许就能发现他们的潜质，培养出梦寐以求的完美员工。

门店管理者在起用新人时需要注意：

• 新导购到店试用，首先要给予他们亲切、融洽的工作氛围。

• 新导购需要学习店铺的规章制度、商品信息（包括商品的价格、款式、特点、数量，以及如何推介等），如导购是在新开的店铺试用，门店管理者还需要亲自进行带动；如果加盟商自己不熟悉店铺运作的话，可要求品牌总部配合相关区域的督导到店进行带动。

• 对于已经在店铺工作一段时间的导购，门店管理者要从日常的工作中发现导购的长处和短处，根据他们的长处安排工作，避开他们不擅长的方面，使导购在工作中能发挥所长，同时让导购感觉自己是优秀的，以便令他们树立自信心，快乐地工作，不断地完善自己。

• 门店管理者在用人时千万不要心急。许多管理者希望导购能快速成长，快点增加销售业绩，但同时又缺乏对导购的教育和指导，结果只会导致导购的工作质量越来越低，越来越没有工作效率，离“完美”也会越来越远。

锦囊一：与其四处寻找“完美导购”，不如自己努力培养

一名导购可以称为“完美”，必是经历了许多历练，同时也名声在外的。这个时候，不仅你在寻找他，无数个追求完美员工的老板都在寻找他。当他终于成功“空降”到你的店，也许你会发现，“空降”的“完美导购”，用起来不一定完美。

因为没有亲自培养的基础，而合作是需要磨合的，在磨合的过程中，有可能完美的光环就慢慢被磨掉了。所以很多门店管理者会困惑，为什么高薪挖过来的人没有想象中那么好用呢？其实这很正常。最好用的人往往是管理者亲自培养出来的，而不是“空降”的、挖过来的。

锦囊二：所谓的“完美员工”，在真正用起来的时候并不一定完美

完美员工需要土壤的滋润，是在特定条件和环境下才完美的。当换了一个新的环境，完美员工不一定能依旧完美。很多时候，员工的成绩是在某个领导的带领下被激发出来的，是在特定的团队氛围和团队力量中被激励出来的。当来到另一个完全不同的环境时，完美不一定能延续。

锦囊三：适合比完美更重要

只有完美的团队，没有完美的个人。

例如，现在销售团队中的每个人都性格外向活泼，但都是粗线条，大大咧咧，店铺的销售做得不错，但账目一塌糊涂。此时，店铺就缺一个细心的人，如果这时来一个性格细致，对数字敏感，工作又勤劳踏实的员工，他对于这个销售团队而言，就是一名完美的员工。

相反，如果现阶段销售团队各方面都井井有条，但就是大家太团结、太平淡，缺乏竞争心态，如果此时来一个功利心比较强的销售高手，搅浑这潭清水，那这个人对于销售团队而言就是完美员工，能起到激发鲶鱼效应的作用。

欧阳寄语：所谓的“完美员工”，也是在经历了无数次的不完美之后才在某些方面相对完美的。更多的人，都还在奔往完美的路上。

第二章

导购的培训非一朝一夕！

要培养出合格的导购，就要遵循以下几个原则：一是结合实际需求，看自家导购缺少、需要补充的知识有哪些；二是授课形式以理论和实操演练相结合；三是日常工作细节的培训要有持续性；四是定期对导购进行商品知识考核，保持导购的业务能力等。

我们在开垦一座花园时，要先准备好土壤。不论种子多好，也不论你多么精心地照料它们，如果土壤没有松好也没有施肥，没有调整到最适合植物的生长环境，植物就长不好。

导购管理也是一样。

常常有老板苦恼：“为什么我辛辛苦苦高薪挖过来的人才，干不了几天就走了？人员来来去去，怎么办呢？”其实原因很简单。“空降”过来的“花朵”，有可能无法适应这里土壤的湿度，便渐渐失去了光泽和芬芳，最后不得不寻找另外一块更适合自己的土壤。而在这块土壤中，最能够茁壮成长的无疑是在这里生根发芽、长叶的那些花。因为你的一手培育，不断地剪枝断叶，把它修理成了你想看到的模样。

所以，最好用的员工，永远是自己培养出来的。

那么，怎样才能培养出一名理想的员工呢？培养的时候，是着重培养态度，还是培养技能？怎样将新导购手把手、一点点地从零变为一，而老导购又该怎样从一到二甚至到三？

导购的培养，到底该怎么做？本章将为你揭晓。

疑难与攻略 6：如何培养出合格的导购?

冯璎是一家品牌公司的市场督导，经常要到全国各地的门店检查、指导当地加盟商的工作。而她每次来到门店的时候，加盟商老板都特别欢迎她，因为一则她是品牌总部派来的人，肯定要表示欢迎；二则督导过来是帮助门店提升工作质量的，对店铺的销售业绩也会有很直接的影响。也正因为如此，加盟商老板们都很乐意跟冯璎多沟通，希望她多指导他们店铺的工作。

这些加盟商老板，通常在一番接风洗尘，推杯换盏之后，恳切地对冯璎说："冯小姐，您可得好好帮帮我。要是我的导购能有您一半的销售能力，我的业绩就不用愁了。这帮人都不错，就是太老实了，不会说，没见过什么大世面，口才和交际能力不行，所以推销商品时总感觉使不上劲儿。您呐，这两天一定要好好教教他们。来来来，我再敬您一杯，有劳有劳。"

这让冯璎很不好意思，不善饮酒的她通常以茶代酒，感谢这些加盟商老板的盛情。那么，到底该如何有效地对门店导购进行培训呢？培训的重点又是什么呢?

许多加盟商老板时常向品牌总部申请人员培训，他们认为这些终端门店的导购销售技巧不行，对商品不熟悉，陈列也不是很懂，需要正规、系统的培训。但其实管理者对导购的培训在每天的工作中无处不在。分配的工作安排是培训，每日、每周、每月的例会是培训，每天的账务报表编写也是对导购的培训。说到这儿，或许有的加盟商会说："每天的工作都是培训，不可能吧？"

是的，每天的工作都是培训，但培训并不简简单单只在于此，公司文化、老板的用人意识、上司的人格魅力，都会对导购无形中产生影响。在这个过程中，培养导购销售的技巧很重要，这一点可以手把手地教他、考核他，但是培训他们的工作态度其实更重要，而且也更难，只能靠言传身教。

就此问题，我曾经采访过一位事业做得比较成功的加盟商。她很有感触地说："我在育人方面确实花了很多心思，我对导购的培训其实已经隐藏在每天的工作中。例如我每天都会到店里翻看销售单，向店长了解当天的销售情况，让导购逐一讲述自己一天的工作，通过讲述，提高导购的语言表达能力、自省意识和发现问题、解决问题的能力。我也会偶尔亲自到店参与销售，参与店铺的账务工作，将自己总结的心得在开会的时候与导购们进行交流和分享，让他们学习到更多知识。

"现在我准备开第三家分店了，要开始考虑新店的管理者人选。好在之前已经默默培训了一年，现在在店铺的日常管理方面他们都可以独当一面了，但技巧性的管理还需要在实际管理过程中不断磨炼。"

诀窍一点通：

对员工的培训在平时一点一滴的工作中。

这些培训技巧主要包括两类：

一类是单店培训导购技巧。

单店培训侧重于对导购日常工作细节上的指导，多以门店管理者培训为主。

• 每周组织导购集体会议，对本周工作进行总结、分析，沟通、解答疑难问题。

• 定期输送导购和店长到总公司参加专业技能培训，提升他们的技能知识和综合素质。

• 新品上市、转季交替、季末缺货断码时对导购进行销售技巧培训。

• 定期安排导购到其他店铺进行调研、学习，多接触新鲜事物，把自己的体会与店铺里的其他导购分享。

• 从日常的工作安排、分配当中培养导购之间的团队合作意识。

• 创造以老带新的培训氛围，根据每位老导购的技能和特长，安排好新、老导购或导购之间工作经验交流、传授的带动工作，不断复制、传授和培训导购的技能。

另一类是多店育人技巧。

• 对多店导购和店长定期进行集中培训或输送回总公司参加技能培训。

• 采取培训复制的模式，不断地复制人才，培养人才。

• 着重加强店长的培训，并以店铺人员管理技巧、货品管理技巧为主。

• 增强店铺的学习氛围，加盟商和代理商可以收集对店铺业绩提升有帮助、对导购综合素质提高有帮助的资料、报刊和书籍在店铺之间传阅，并让导购和店长在集中会议时分享读后感。

• 不要将导购（包括店长）长期固定在某一个店铺工作，每三个月将导购进行一次轮换，让每位导购都能在各个店铺环境中学习，不断更新知识。

• 定期对导购进行商品知识的更新培训和销售技巧提升培训，并分笔试考核和现场模拟考核两种方式，一定要求导购考核过关。如有不过关的，门店管理者一定要与导购共同寻找考核不过关的原因，要让导购知道自己需要补充什么知识。未过关的导购需要针对上述知识进行巩固、复习，参加补考，直至考核过关为止。

• 培养员工的团队合作意识，关键在于店铺开业前就要对导购们灌输团队意识的概念，表明团队的重要性，同时在日常工作中从分工、配合、导购与导购之间的合作等方面进行团队意识的灌输。

• 培训新导购主要以“以老带新”的方式培训，根据每位老导购的技能和特长安排负责帮带的新导购，不断复制、传授、培训导购的技能。

• 代理商和加盟商新店开张时，可以向品牌公司申请要负责当地区域的销售主管或督导到店进行新店开业的带动工作。

• 在日常工作当中培养导购对数据的敏感度，要求他们提高收集、分析数据，发现、解决问题的能力。

锦囊一：结合实际需求（导购缺少的、需要补充的知识）

培训是最好的投资。如果没有预先调研，不了解实际需求，所有的培训将不是投资，而是成本。在培训过程中，直接影响培训效果的因素是什么呢？不是大家通常以为的讲师授课技巧，也不是课堂的氛围有多么好或不好，最重要的因素其实是培训需求是否匹配。换句话说，就是讲师讲的内容是不是学员现阶段最缺少的、最需要的。再厉害的讲师，也不是万能的，也会有知识盲区。如果对学员的需求没有事先做好调研，讲师的授课内容和专业强项与学员需求不匹配，那么，某方面口碑再好的讲师也实现不了完美的培训效果。

所以，终端培训，不是找最出名的讲师，而是找现阶段在培训需求方面最匹配、最合适的讲师，这样才可以达到性价比最高的培训效果。

锦囊二：授课的形式以理论和实操演练相结合

终端门店的导购，普遍特点是年轻、活跃、有想法。所以对于终端导购的培训，授课形式必须要生动形象，结合实操点评、头脑风暴讨论等方式。这样更符合这些年轻导购的性格特点，也更有助于他们学习、理解讲课的内容和将知识运用到实际工作中。

锦囊三：日常工作细节的培训要有持续性

持续学习是所有公司基业长青最重要的原因。门店的工作繁多，导购需要掌握的技巧也多，例如服务礼仪、商品知识、销售技巧、陈列、账目、行业资讯等。终端门店的导购都得是多面手。而导购的流动性很大，日常细节工作需要经常巩固、提升，所以门店导购，尤其是时尚行业的门店导购，每个月、每个季度定期、持续地进行结合市场现状的培训是必需的。

锦囊四：定期对导购进行商品知识考核，保持导购的业务能力

只有培训没有跟进是不够的，所以在培训之后，要定期对导购进行考核。这是巩固业务知识的好方法，门店管理者不要疏忽大意。

锦囊五：态度培训比技能培养更难

一般来说，对导购进行知识培训是最容易的，通过一些书面的资料给导购进行讲授，并让导购熟记知识点，定期进行考核，他们一般都能够掌握。

技能方面的培训相对来说要难一些，必须要有老导购亲自带、教、训练，帮助新导购提出问题，解决问题，其效果才能在实战中有所显现。

培养导购正确的服务观念和积极的工作心态是最难的，这需要门店管理者平时的言传身教及团队整体氛围的熏陶。

如果大家经常看一些特工电影的话，就会发现，所谓的“杀手”，无不经受过非人的训练。所以，首先要让“杀手”具备必胜的心态和坚忍不拔的毅力。销售过程也同样存在一种“势”，导购自身的个人魅力和信心，会在潜移默化中影响顾客的选择，所以培养导购的积极心态非常重要。

欧阳寄语：态度比技能更重要。

疑难与攻略 7：老导购如何帮带新导购?

蓝欣是一名应届毕业生。近年来就业形势严峻，眼看着同学们一个个都找到了工作，蓝欣越来越着急。刚好她在招聘网站上看到了一则高端品牌门店招聘导购的信息，就决定去试一试。

HR 对蓝欣很满意，她得到了一次试用的机会。蓝欣是小县城长大的孩子，家里的经济条件虽然比大山里的孩子家好很多，但也不宽裕，为了让她上大学，父母的压力很大。看着他们一年年增添的白发，蓝欣真的想早点独立，做出点成绩给父母看。

虽然不知道最终是否会被这里留用，但蓝欣任劳任怨，从无怨言。她深信凭自己的智商和情商，再加上勤奋踏实，通过试用期应该不成问题。而且这个品牌有很多外国人喜欢光顾，自己一口流利的英语也可以派上用场。蓝欣觉得这家店铺真的很气派，装修得富丽堂皇，她梦想着自己有朝一日也能住进这样的房子。

能到这家门店上班，蓝欣特别开心。她很努力，想把工作做好，和同事搞好关系，在这里长久地工作下去。可是，虽然蓝欣工作尽心尽力，还是遇到了很多问题。她对销售知识和技巧一窍不通，还经常被顾客问得张口结舌。每当这时候，蓝欣都很想去请教店铺里的老导购。可是，不知道是品牌高端，还是大家平常都接触高端顾客的缘故，这些老导购接待顾客的时候倒是挺温柔的，私下里却谁也不跟谁说话，没有顾客的时候就安安静静地站在那里。蓝欣觉得这些前辈哪里都好，人漂亮，又能说会道，但就是太冷淡了，冷得让人无法靠近。

诀窍一点通：

每个人都有当新人的时候，作为老导购，要主动关爱新人，让他感受到集体的温暖。

跟蓝欣说话最多的是店长，他经常关切地问蓝欣是否适应这里的工作，有没有什么问题。可店长平时忙得跟超人似的，时不时要到总公司开会，即使在店铺，也忙着跟老顾客联络感情，安排店铺工作。蓝欣不好意思打扰他，于是每次都微笑着回复店长："谢谢您，我很好，没什么问题。"其实，蓝欣有很多问题，她不知道问谁，也不知道从哪里问起。

"如果问那些老导购，他们会好好地告诉我吗？"

"我们店铺是以个人业绩算提成的，大家既是合作伙伴，又是竞争对手，他们会好好对我吗？"

"我连话都没怎么跟他们说过，我该去问哪一个呢？"

"来到店铺上班快一个月了，除了店长跟我说过几句话，其他时间都是自己摸索着做销售，这样下去我会有长进吗？"

"什么时候我才能实现业绩飞升、薪水提高的目标呢？到底该怎么办呢？"

蓝欣想到这些，苦恼极了。又想到最近自己不管做什么，都笨手笨脚的，总是做不好，原本充满斗志的她一下子没有了自信，犹如泄了气的皮球，越来越蔫儿，甚至有了离职的打算。

案例中的蓝欣无疑是一个优秀导购的好苗子。首先，她有一定的文化素养，基础比较好。其次，她对这份工作很热爱。虽然她现在还没有完全了解这个行业，但是由衷地认为这是一份好工作，可以养活自己，不用再靠家人照顾。最后，她任劳任怨、勤勤恳恳，这在刚毕业的大学生中是很难得的。

但是，我们在案例中也可以看到蓝欣的苦恼。因为门店管理者和老导购对她没有足够的帮助，所以她基本上是“自生自灭”的状态，完全凭借自己的悟性在学、在做。作为一个没有工作经验的人，如果完全靠自学，想要达到一定的高度困难重重。案例中当蓝欣遇到困惑时，她不知道向谁学习，去问谁，更不知道怎么问。面对拒人于千里之外的老导购们，她不敢问；面对忙碌如超人的店长，她不好意思说，怕耽误店长的工作。长此以往，蓝欣只会有两种结果：要不“自生自灭”，最终被磨成一个没有灵性，庸庸碌碌的普通导购；要不不甘寂寞，终于醒悟，另谋高就。这两种情况都是门店管理者所不愿意看到的。那么，为什么会出现这样的情况呢？因为从一开始就出了问题。蓝欣入职的这家门店，对新导购的培训存在着很大漏洞。

新导购必须参加一系列的培训课程，掌握以下知识和技巧：

- 对公司有基本的了解；
- 服务顾客的流程和基本话术；
- 商品知识；
- 店铺日常运作；
- 销售技巧；
- 处理顾客投诉的方法。

表 2-1 门店管理者对新导购需求应该提供的对应帮助

新导购遇到的困难：	门店管理者应该给予：
环境不熟悉	协助新导购了解环境
不了解运作	有系统教练，有人负责帮带
融入同事氛围	安排与不同同事合作的机会
太多东西要学习	培训有步骤，有重点
不敢问太多	鼓励及肯定
想尝试，但害怕出错	了解底线，多分享
前景不明朗	公司远景和使命培训
缺少信心	用身边“销售明星”的成功之路增强其信心

新导购分配到门店之后，对其实际的工作指导大多由店长和老导购来执行。因此，在新导购入职之前，门店管理者必须先培训店长和老导购如何指导新人（门店管理者对新导购需求应该提供的对应帮助如表 2-1 所示）。

帮带最直接的方式是培训，而培训新导购工作时，老导购必须注意以下几个方面：

一是培训内容。

老导购对新导购培训销售知识和技巧时，必须明确自己要培训的内容。千万不可毫无头绪，不知道教些什么。

具体来说，可以先将知识点整理归类，一条一条明确地列出来。如果可能的话，将所要培训的项目以文字的方式记录，并交给领导过目。这样做可以避免老导购漏掉重要的细节，以便更翔实地培训新导购。

二是培训方式。

确定培训内容之后接着就要考虑培训方法。具体来说，可以由老导购自己先示范一次并说明细节，再让新导购有样学样，学着去做，若有不好的地方再加以纠正。当然随着培训内容的不断变化，培训的方法也会有所改变。如果培训效果不佳，必须及时调整培训方法。

三是培训、指导的技巧。

培训、指导是需要技巧的。老导购培训新导购采用的一般都是一对一的“个别指导法”，“个别指导法”的技巧有：说明法、说服法、问题解答法、辅导法及作业挑战法等。

锦囊一：熟悉同事和工作环境

每个职场人都做过新人。回想一下，当我们走入一个陌生的环境，想博得周围人的认同，却不知从何处下手，内心忐忑无比又跃跃欲试时，是不是很想得到别人的帮助？之后在职场中关系不错，继而能成为朋友的同事，也都是在一入职时主动帮助你的伙伴，因为给你的第一印象就特别温暖，所以在之后的工作中自然而然地让你对他有了更多的信任。

所以，新导购来门店就职的第一天，店长应该开一个欢迎会，逐一介绍门店里的每位员工，其他同事也要欢迎新同事的加入，让新人有回家的感觉，帮助新人快速融入团队。

之后应由店长或师傅带领新导购熟悉环境，包括：

- 门店设施的使用方法；
- 考勤签到及更衣地点；
- 店铺对导购的仪容仪表要求；
- 班次安排及上下班时间；
- 库房、卫生间、就餐场所指引。

同时让老导购尽可能多地和新人接触，消除新人的陌生感。第一周尽量不谈论过多的工作，以免新人压力太大。

锦囊二：安排帮带

指定某资深老导购或特定人员帮带，即为新人安排师傅。

新人快速和一帮人打成一片很难，但是，和一个人快速建立信任和沟通，还是比较容易的。所以，先安排一位资深老导购或特定人员对新人进行帮带，让新人慢慢接受陌生的环境，初步了解工作内容和方法很重要。

锦囊三：了解工作程序及工作方法

新导购分为有销售经验的和无销售经验的两类。对待有销售经验的新人，老导购更需详细地进行指导，避免新人延续以往的习惯。对于无销售经验的新人，老导购则需从头讲起。至于具体内容，包括以下几个方面：

- 日常工作程序；
- 日常清洁要求；
- 了解商品知识和品牌知识；
- 正确的销售技巧；
- 服务标准的要求；
- 账目报表填写的要求；
- 店面货品的陈列摆放要求；
- 库房的整理及货品清洁；
- 货品的熨烫及整理；
- 调货及返货程序；
- 了解公司概况及企业文化；
- 了解门店管理制度。

教的方法：示范讲解—尝试进行工作—给予回应—再实习。

锦囊四：定期考核及沟通

店长应该通过和新导购定期沟通，及时发现新导购中的好苗子，为人才储备打下基础。

店长和新导购沟通的几个关键时间点：

- 新导购入职第一天；

• 新导购入职第三天；

• 新导购入职第七天；

• 新导购入职第十四天；

• 新导购入职第三十天。

店长与新导购沟通的主要目的：

• 让新导购了解企业文化、公司发展规划、品牌战略等；

• 让新导购明白自己的工作职责及个人发展空间；

• 通过沟通，了解新导购的专业能力、家庭背景、职业生涯规划、兴趣爱好、个人目标等。

锦囊五：给予锻炼机会

当新导购适应了店铺环境和基本工作之后，店长可以安排一些平易近人，好成交的顾客给新导购，让其尝试推销，锻炼他的实战能力。同时，师傅要从旁协助，顾客走后要对新人的表现进行总结，表现好的要及时表扬、鼓励，做得不足的要及时提醒改进。

欧阳寄语：新导购的培养比老导购的培养更重要，因为你有可能培育一个好苗子，也有可能让一个好苗子毁灭。

疑难与攻略 8：老导购没有上进心怎么办？

肖华是一位资历很深的门店店长，经验丰富，为人随和，在解放路店已经工作了四年。他手下的六位导购也都在店铺工作了一段时间，个个都热情开朗，心直口快。大家在一起工作很开心，整个店铺每天都洋溢在一片欢乐之中。不仅人际关系和谐，店铺的销售业绩也同样稳定，所以，公司对解放路店的评价一直是“非常稳定、和谐的店铺”。

为了锻炼导购们的能力，也为了让大家更有斗志，公司决定在全国所有门店的导购中评选“导购之星”，考核的内容分为商品知识、服务意识、形象礼仪、专业技能、陈列搭配几个部分。公司近期将展开海选，然后再对入围的优秀导购进行培训，之后进行一轮轮的淘汰赛，直到全国总决赛。届时，拿到前三名的导购将会得到大奖。

闻听此事，每家店的店长都摩拳擦掌，争先恐后，想让自己店的导购夺魁。肖华亦是如此。于是，参加完公司店长会议回来后，肖华就向店里的导购宣布了这件事，并说明参加这次活动的好处，鼓励大家积极参与，结果却出乎她的预料。店铺的导购们并没有什么反应，尤其是老导购芮姐。平常是最配合肖华工作的她，这时却不以为然地说：“这种出风头的事我还是算了吧，让其他伙伴去吧。这些事情可没意思了，还耽误销售，我宁可多做些业绩。”此言一出，其他人也纷纷附和：“干好本职工作就行了，对这种出风头的事情不感兴趣。”肖华万万没想到大家的反应会是这样，赶紧强调：“入围海选的导购都有资格参加公司总部统一组织的培训，可以学到很多。参加培训总没有坏处吧！”店里最爱漂亮的小晴转了转眼珠：“培训什么？我上学时就不是好学生，一听课就打瞌睡，坐椅子也坐得屁股痛，学习的事情还是让给其他人吧。如果培训怎样变得更漂亮，怎样找男朋友那我愿意去，有没有这种课啊？哈哈。”一番话说得其他人都笑了起来。

肖华不禁有些生气了：“都严肃点好不好？举办‘导购之星’的评选活动是公司为了给大家一个展现自己的机会。我们都应该珍惜。想当年我当导购的时候，想参加还没这种活动呢！其他门店的人都很积极地报名参与，我们店怎么能这么不思进取？”大家一看肖华动了怒，收敛了一点，低下了头，可仍没有人表态。最后还是芮姐发声了：“我吧，年龄一大把了，确实对这个不感兴趣。我儿子现在都会打酱油了，我还和他一起学习，算了吧。反正再怎么学习，我也就这么回事了，我的文化水平也不行，还是让年轻一点的人去吧。不管怎样，我们店不能落后。”大家面面相觑，没有人主动站出来，最后还是肖华指定了一名导购，报名参加了海选。但这位导购本人一点也不积极，反而是像替本店员工就义一样参加了这次活动。自然，效果也不会好，没过两关就被淘汰了。

肖华非常愤懑，一贯各方面表现都很优秀的解放路店这次大丢面子，但她回过头来想了想，很快找到了原因：“确实，一直以来，自己负责的店铺缺乏学习的氛围，大家在一起很和谐、很融洽，但更多的是在一起分享笑话，分享生活的乐事，从来没有一起分享学习的乐趣。导购们没有压力，缺乏竞争，更没有学习的概念。同时又缺乏与外界的对比，更多的是固守自己之前的经验，安于现状，没有想过怎样去进步。而作为店长，自己也一直满足于店铺这样的平稳安定，忽视了很多东西，没有以一个领头羊的角色，带领大家进步，鼓励大家不断自我挑战，让下属更上一个台阶。”

“你最希望从工作中得到什么？”对这个问题的调查结果依次为：实现和发展自我的机会、薪资水平、发展空间、学习机会。

按照这个标准，我们来分析一下，一名导购为什么会长期留在一家门店工作，成为一名老导购。

能长期从事销售行业的导购一定是具有一定业务能力的，他们在这个行业、这家店已经找到了实现自我价值的平台，并以此挣钱养活了自己。尽管发展空间不确定，即便哪儿都不去，作为一名老导购，在本店站稳脚跟，也能够获得门店管理者和新导购的尊重。因此，与其漫无目的地跳槽，去其他店铺重新开始，不如稳扎稳打，守住自己的“舒适区”。而大部分人都不愿意走出“舒适区”。

在一个岗位上时间久了，无论对成文的还是不成文的规则，都会非常熟悉。给老导购布置任务，店长们也得心应手，能达到的质量或者效率就像用尺子量过一样稳定，这就是老导购的好。不过，这只是其一，不少老导购常常自称“老油条”，对于公司的规章制度，哪怕是必须遵守的，也常常触犯，更别说继续奋斗了。

所谓的“进取”与“不进取”，除了人本身的性格差异之外，也会受到周边环境的影响。当整体的大环境都是在竞争、在学习、在进步的时候，身处这样的环境中的你不逼着自己进步都难。而如果大环境是和谐、稳固不变的，那身处其中的人就很容易像“温水煮青蛙”一样，慢慢地不知道自己的处境危险，即使是失去了最重要的东西，可能也不知道。

培养新导购是为了让他们早日独当一面，总有一天他们也会被人称为“老导购”。而老导购一旦工作熟练，是不是就不再需要学习了呢?

销售行业的人需要不断学习，不断进步。因为我们面对的顾客群在不停地变化，人们对服务的要求也越来越高，社会对专业的定义也越来越精准。简单来说，五年前的优秀导购，在今天未必能够达到一个合格导购的标准，因为大家都在进步。

但有很多导购工作只是为了有份事情做罢了，养家糊口也用不着自己，不闲着就行了，于是对学习和进取根本没有任何想法。

诀窍一点通：

导购是一个进入门槛比较低的行业。在这个行业中，为什么优秀的人才永远不够用？其实是因为太多的导购看轻了自己，放弃了自己。

曾经我属下有一位导购跟我感叹：“现在顾客都很时髦，有时他们说的新名词，我们都不知道。每当男顾客说关于汽车、军事、时政新闻之类的话题，我就发现自己一句话也搭不上，只能说‘您穿这个真的不错’，除此之外就没什么可说的了。”

这位导购的话是事实。现在人们对于导购的要求已不仅仅局限于递送衣服了，只会销售的导购已经不能满足顾客的需求。只有对顾客的心理、生活方式、爱好、所在行业都有所了解，才能更好地推销商品，所以，导购看似门槛低，其实要学习的知识很多很多。

挖掘老导购的潜能，培养其才能，提高其忠诚度，使之成为店铺长期稳定的优秀导购，是摆在店长面前最重要的任务。

表 2-2 门店管理者对老导购需求应提供的对应帮助

老导购遇到的困难：	门店管理者应该给予：
对工作太熟悉，缺乏新鲜感	新挑战、新鼓励、新责任
被以往经验影响，对顾客有偏见	纠正其看法，说明顾客有不同的类型
对公司运作产生埋怨	解释政策，引导正面思想
对其他同事有影响力，可以影响其他同事	善用其正面影响力，让他帮助其他同事
有自己的主见，不大容易听取他人意见	给予诚实的回应，鼓励听取别人意见

诀窍一点通：

其实老导购比新导购遇到的问题更多，更需要门店管理者关注。

想让老导购主动学习，门店管理者首先得让老导购清楚自己的分量，明白自己的危机，让他们知道外面的行情，逼迫他们不得不学习（门店管理者对老导购需求应该提供的对应帮助如表 2-2 所示）。

销售是一个永不能放松的行业，你的店铺要时时刻刻有竞争的氛围。

老导购应该让自己成为一名越来越资深的导购，而不仅仅是一名越来越年长的导购。

锦囊一：危机长存

前段时间，网络热议华为公司辞退老员工的事情，以及“职场 35 岁现象”。姑且不论华为事件的事实真相到底如何，从企业角度来看，表现平平的老员工，确实是“鸡肋员工”，“食”之无味，弃之可惜。工作经验和能力并非随着年龄和工龄的增长就一定会增长，有些员工到了一个阶段之后就停步不前了，这也就是我们通常说的“十年经验就是十个一年的经验”，有些拥有十年经验的员工跟刚入职一年的员工在业务能力上并无太大的差异。鸡肋虽然弃之可惜，但还是要抛弃的。从员工角度来说，这样的决定似乎对他们很不公平，但是，职场就是如此残酷，优胜劣汰的法则是真理。如果你的能力平平，不能创造好的业绩，同时又不能在工作态度上起到老员工的楷模作用，给团队带来好的氛围，那试问你哪一点可以吸引老板呢？你的危机，其实就在眼前。

在团队中，管理者要时时给老员工灌输这样的理念，带领他们前进。

锦囊二：舍弃“小白兔”

某位知名企业家曾经说过：“公司员工一般分为三种：一种是‘野狗’式的员工，这种人虽然能力很强，但是态度很差，严重影响公司的团结，必须清除；一种是‘猎犬’式的员工，这种人不仅能力很强，而且态度认真，待人诚恳，团队意识强，正是管理者需要的人才；一种是‘小白兔’式的员工，这种人态度很好，待人热情，团队意识也不错，但是能力很差，做不出业绩，也是迟早要被淘汰的。”

团队中的“小白兔”会让整个团队走向碌碌无为的未来。长此以往，门店的销售和业绩也会被影响。在业绩就是生命的门店中，这无疑是最大的伤害。

锦囊三：定期培训，营造气氛

服装行业每年的流行趋势都有变化，每季的产品都不相同，因此导购每年也必须有知识上的更新。又加之，新顾客群体的不断变化，零售业态的升级，市场竞争的加剧，都导致终端服务人员在服务意识、销售技巧、顾客异议处理、陈列理念等方面，需要定期去学习更新。而关于在职导购的团队意识、积极心态等，也是需要持续激励的。

锦囊四：培训后的跟进

有些培训课程确实有趣，学员在培训的过程中也学到了知识，但是由于培训结束后没有后续的加强和巩固，于是学员很快就忘了培训中所学到的东西。因此，培训之后，门店管理者要对参与培训的导购进行考核，也可以举办一些竞赛活动。

欧阳寄语：逼迫你学习的上司，其实是你最值得感激的人。

疑难与攻略 9：老导购不愿意带新人怎么办？

三月份是各门店春装大量上市的时候，店铺的业绩也一天天好了起来，客流量越来越大。按照惯例，每年到了这个时候，新导购也会大批地入职。果然，如心任店长的店铺这两天也接收了两名实习导购。她安排这两名实习导购分别跟着两名老导购，进行帮带学习。

公司有规范的新导购帮带流程，有相应的表格，真要实施起来其实也很容易，按照流程来做就可以了，但结果却让如心很无奈。

因为是销售旺季，老导购们都在赶业绩，抓提成，来了顾客都忙着去接待，帮带新导购这种费神又费力的事情，他们自然不乐意。而且他们觉得："又没有报酬，凭什么要我带新导购？为什么我要把自己这么多年的经验无偿地教给他呢？我没有这个义务。"

所以，即便老导购接下了如心安排的帮带新人的工作，也不怎么尽心，新导购很多时候都是靠自己。心态好，聪明一点的新导购慢慢就会上手，但也有待不住的，不愿意这样自生自灭的，就流失了。

一位老导购曾经这样说："现在门店经常有新人过来，他们问我问题，其实我是很想努力回答他们的。但是，我们老导购每人每天的销售任务都非常重，而且现在在搞老顾客回馈活动，不仅要接待好来店的每位新顾客，还要跟原有的老顾客保持联络，又是销售旺季，每天店里的客流很大。这些全部要我们导购自己完成，我们每天基本上没有什么闲暇时间去回答新人的问题。况且有些新人提出的问题明显是可以通过别的途径知道的，比如公司下发的资料，比如他们入职培训时公司统一培训过的一些知识等。但这些问题他们也来问我们，我们难免就心烦了，于是也就在解答他们的时候不够热心或者态度不够好。其实老导购都是愿意教新人的，但是有些新人确实要反思一下自己的心态和为人处事的方法。我就曾经碰到过几个这样的新人。第一，一点都不谦虚；第二，觉得人家教他是理所当然的；第三，急于求成，以为前辈告诉他一下，问题马上就解决了。我当然就懒得教他们了。"

诀窍一点通：

一个巴掌拍不响，门店管理者一定要让新老导购都认识到自己的问题所在。

每个老导购都是从新导购走过来的，每个新导购也都会成长为老导购。俗话说得好："师傅领进门，修行靠个人。"在老导购帮带新导购的过程中，双方都要注意一些问题。

首先，新人需要端正自己的态度。

新导购首先自己要端正态度，明确自己是否愿意长期从事这份工作。假如一个人不喜欢自己的工作，就很难静下心做出成绩来。

一个人快速成长的最好办法就是“借力”，学习能力决定你能走多远，没有人有义务帮你。能不能完成工作，是你自己的事。把姿态放低一点，你遇到了热心的老师，那是你的幸运，你更要好好珍惜。如果没有遇到，那也很正常。

很多新导购在试用期的时候由于工作能力还达不到要求，所以店长安排的工作量不会太大，很多时候显得较为清闲，于是每到下班时间他们总是迫不及待地离开公司。而上班时间由于工作繁忙，老导购不可能有太多的时间与新导购进行交流沟通，即使有所交流也仅局限于工作层面。下班后，大家更愿意去深入地探讨生活、理想等，把握好这种机会将会非常有利于新导购融入团队，而很多新人却主动放弃了这样的机会。

诀窍一点通：

要让新人明白，只有他自己主动，才能学到更多知识。老导购有责任教你，但没有义务。

其次，老导购也应该端正态度，明白帮带新人的好处。

除了有些新人不够谦虚，让人不乐意教之外，老导购不愿意帮带新人的另一个原因就是不够自信，怕“带出了徒弟，饿死了师傅”。这是很多只有“半瓶水”的老导购最为常见的心态。这种心态反映出了某些老导购的能力不足和狭隘胸怀。一个人如果不寻求自身不断进步，光靠提防、警惕新人是解决不了实际问题的，因为即使防得了一时，也防不了一世。此外，你虽然可以不教这个徒弟，但竞争无所不在，其他人照样会对你构成威胁。

你教会了别人，其实对自己也会有很大的提高。教别人的过程也是一个不断自我提高和发展的过程，只有自己懂得更多，才能更顺利地教别人。在这个过程中，你也会发现自己在工作中的许多不足，这样你才会努力提高自身的业务能力和素质。只要积极进取，就不怕其他人超过你。

老导购要调整好心态，不要以为自己什么都知道，哪方面都比新导购强，要有空杯心态。

锦囊一：晓之以理，尊师重道

对帮带新导购的老导购，门店管理者要把他们抬得很高，让团队中有教别人、带别人是一件好事的风气和氛围。

老导购帮带新导购的好处很多：

- 对老导购——提升业绩、个人能力、威望；
- 对新导购——了解行业，提高业务水平，熟悉环境，融入集体；
- 对店铺——提升业绩，充实销售团队；
- 对客户——更好的服务；
- 对公司——提升业绩、形象。

锦囊二：列入考核，绩效跟进

门店管理者可以把一名老导购成功带出新导购的数量和质量列入老导购考核、评定级别、绩效的项目之中。也就是说，不是简单地从道理上说服导购愿意帮带，同时也从制度上，从物质上，让老导购愿意去帮带新人。

锦囊三：以身作则

打铁先要自身硬，老导购要以身作则，给新导购做好榜样，用自己的实际行动潜移默化地引导新导购。

锦囊四：因材施教

门店管理者需要根据新导购个人情况、个性的不同采取不同的帮带方式，让其掌握有自己特色的工作方法。同时，要与新导购保持充分的沟通，对新导购的工作是“指点”，而不是“指指点点”。

欧阳寄语：帮助别人成长，也是自己最大的成长。

疑难与攻略 10：销售话术死记硬背有效吗？

高原是一位资深的企业培训经理，从销售一线做起，历经营销部门的多个岗位，具有丰富的门店销售经验，被提拔为培训经理之后，主要负责营销系统的培训。

最近，营销中心总监李斌找到了高原，说要给她布置一项任务。

“李总您说，我绝对不辱使命。”高原说。

“是这样的。最近我听营销中心的区域经理们汇报，门店的新人很多。这也跟企业这两年的快速拓展市场有关。”李总说。

“是的，没错。”高原点了点头。

“那这样就会存在几个问题。首先，是你这边就辛苦了，工作量比较大。”李总微笑看着高原说。

高原赶紧表态：“没有没有，这都是我应该做的，分内的事而已。”

“我建议啊，你可以把销售中常见的问题做成标准话术本，进行全国性的宣导和培训。这样，你不就省事了吗？比如说‘让顾客快速成交的十二句话’，或者‘顾客经常询问的十大问题解答’。让门店的导购们照着你的答案背就行了，他们学不到你的十分，总能学到你的一分吧？”李总看着高原，自信满满地说。

高原一下愣住了，问:“可是，李总，这样做会不会有什么问题啊? ”

“会有什么问题啊? ”李总瞟了她一眼，口气不容置疑，斩钉截铁，“你放心，为了配合你这边的话术推广工作，我都想好了: 第一，组织IT部的同事，帮你把标准话术刻录成光碟，给各个门店发放，这样他们不仅能知道这句话是什么，还能听到你的声调和语气; 第二，我还会要求各区域经理，在巡店的过程中，把销售话术作为巡店考核的项目之一，对导购进行考核。所有营销中心的人都会全力配合你这块的话术推广工作，争取把你的经验用最快、最经济、最有效率的模式，复制到全国! ”说完，李总大气地挥了下手，似乎现在就已经看到了全国各地比学赶超，复制一个又一个高原的情景。

高原一下子惊呆了。面对李总描绘的大好前景，她实在不知道该说些什么才好。

文中的李总，作为营销总监，对于销售工作自然很关心，而且，对于高原的工作也非常热心。

可是，李总的观念和想法正确吗? 从理论上来讲，李总的建议似乎也没什么问题，传帮带，让底下的人照着去学、去做就行了，就像李总的原话，“学不到你的十分，总能学到你的一分吧? ”

问题是，这样的话术标准下发之后，导购们真的能学到高原的十分之一吗? 销售话术真的需要一句句教吗?

我们经常看到很多公司总部发的销售话术、商品标准语言介绍手册，但在实际工作中很少有导购会照着手册上写的去和顾客说。即使在区域经理来检查的时候，导购能够流畅地把这些话术背下来，平时也很少会用。为什么呢? 因为很有可能当他把销售话术的话原封不动地跟顾客说的时候，顾客白眼一翻，扭头就走。

在销售过程中，导购可能会遇到形形色色的顾客，每位顾客因为经历、性格、背景的不同，适合的话术也是不一样的。同一句话术，不一定对每类顾客都适用。即使是同一类顾客，因为说这句话术的导购表达不一样，效果也可能截然不同。

所以，对于销售话术这种东西，点到为止即可。导购了解句式就可以了，具体的言语要根据顾客的实际情况，灵活运用。如果一开始就把导购固定在一个框架里，那么这个话术最终也会变形，不见得会有很好的效果。

锦囊一：组织学习话术

销售话术案例可以收集，可以组织学习，但切忌死记硬背。门店管理者要鼓励导购举一反三，毕竟没有一模一样的顾客，而同样的话术，不同性格的导购说出来，给人的感觉也是不一样的。

锦囊二：最好的办法是利用例会时间组织导购讨论应对顾客的话术

每天、每周、每月的例会是很好的组织导购学习的机会，一定要充分利用。门店管理者可以事先安排导购们熟悉话术，在例会时展开讨论，共同研究各类顾客的特点，以及他们需要的服务。

锦囊三：坚持不懈

试想，如果每天积累一种话术，针对一类顾客的典型问题，一年 365 天下来，收获不可估量。所以，坚持不懈地探讨和学习实际工作中的案例，效果会远超过一次性的死记硬背。

欧阳寄语：世界上没有一模一样的鸡蛋，也没有一模一样的顾客。

疑难与攻略 11：培养就是“复印”？

店里又来了新导购，店长张靖把她安排给了老导购翩翩，由翩翩负责带教这个新人。

新人叫琳琳，是个南方人，个子不高，白净苗条，说话也细声细语。翩翩是个东北妹子，身高一米六八，高挑丰满，带有当地人特有的豪爽，在店里经常能听到她的招牌笑声“哈哈哈”。三天过去了，张靖检查翩翩的带教工作，没想到这一南一北的两个人在性格上还真互补，关系很是融洽。两人颇谈得来，不像师徒，更像姐妹。

一周的时间，琳琳已经成长到了独立服务顾客的阶段，翩翩在一旁跟进指导。琳琳跟顾客卖力地推销：“您放心，小姐，相信我的眼光没错的，以我多年的销售经验，我可以跟您保证，您穿这个，回头率绝对是 200%！”琳琳边说还边拍了拍胸脯。张靖突然觉得这个场面非常熟悉。要知道，这可是翩翩的招牌话术。

这套话用在翩翩身上很合适，因为她本身是东北妹子，人也很直爽，又是店铺的老导购，很多顾客都认识她，当然也很信任她。但琳琳把同样的话语用同样的腔调、同样的动作说给顾客听，却让张靖觉得怪怪的。张靖琢磨了半天，恍然大悟。琳琳本身是一个温柔婉约，轻颦浅笑的南方女孩，说起话来也是不急不慢的。这套豪爽话语从她嘴巴里说出来，就像在演戏，一点都不自然，也不符合琳琳的风格和说话习惯。所以，即使她流利地把翩翩教的话术说出来，别人听着也觉得不自然，怪怪的，自然也达不到翩翩这样说的效果。

果然，顾客狐疑地看了看琳琳，似乎在质疑这个看上去很年轻但又自称多年销售经验的小女孩，犹豫了一下，说“再看看”，就走了，只留下翩翩和琳琳面面相觑。

张靖不禁摇了摇头，笑了。她走上前去，问这师徒二人：“怎么样？现在琳琳跟师傅学得怎么样了呀？”

琳琳还没说话，翩翩就赶紧说：“琳琳很好，很用心的，我教她的东西，她都很努力学习，背得很熟，人也很能吃苦，不错的。”听到师傅毫不掩饰地力挺自己，琳琳不好意思地微笑了一下，脸颊泛起了红晕，说道：“哪里，是师傅教得好。”

张靖微笑着说：“我知道，你们两个都很努力，大家都看得到。不过，你们自己有没有觉得在教和学的过程中，有一些困惑呢？”

“困惑？反正我都按程序，该教的都教了。”翩翩摸了摸脑袋说。

“那你们知道我刚才看琳琳销售的时候有什么感觉吗？”张靖问。

“店长，您是不是看着觉得我很笨，刚才说得很差……”琳琳不好意思地伸了伸舌头。

张靖赶紧摇手：“不是不是。不是说得很差，相反，你说得很顺畅，私下肯定下了不少功夫，有仔细观察翩翩的销售方法，然后学习她。”

“嗯嗯，没错没错。我觉得我师傅销售可厉害了，好多值得我学的呢。”琳琳频频点头。

张靖笑了一下，摇头说：“其实真正优秀的导购是不会跟着别人有样学样的。你刚才说的那套话，是翩翩自创的，也是她平常说得最多的，已经成了她的风格，她的招牌话术。这些话术跟她的性格和说话习惯也很匹配，所以从她嘴巴说出来，效果就特别好。”张靖顿了顿，看着琳琳说，“但你说这套话听着就非常别扭。因为你本身是很温柔，细声细气的一个人，现在冷不丁说这么一套大大咧咧拍胸脯的话，别人看着会感觉不自然，而且会以为你是为了让她买东西而违心说的。因为你是学翩翩的语气和话术，不是你自己的语言，所以你说起来就没有翩翩说的效果好。你们觉得呢？”

诀窍一点通：

一定要鼓励导购找到最适合自己的销售方式和话术。东施效颦要不得。

“怪不得呢，我就觉得听着别扭，原来是这个原因啊！”翩翩恍然大悟，拍拍脑袋说。

“那您说我怎么办呢？店长，是不是我就朽木不可雕了呢，您看我真笨，连学人家都学不好。”琳琳懊恼地说。

“这你可千万别误会。”张靖赶紧摆手道。然后又接着说：“每个人因为性格、年龄、背景、经历的不同，同一句话，说出来的感觉就完全不同。无所谓好坏，只有适合或不适合。我只是觉得，你不能像复印机一样，把翩翩的话原封不动地复制出来。因为你复制出来的，永远是赝品，超越不了原作者。你应该根据自己的说话习惯、性格，说最自然、最适合的话，这样顾客听着也舒服，自己感觉也自然。”

“嗯，没错。那您觉得，像刚才这种情况，我应该怎么说比较合适呢？”琳琳迫切地问店长张靖。

“你呀，不适合大包大揽拍胸脯。你可以用你的温柔，你的诚恳来打动顾客呀。要知道，你是店铺年龄最小的，你的清新和单纯我们可是学也学不来啊。”张靖笑道。

琳琳也不好意思地笑了起来，说："我知道了，以后我就用崇拜的眼神看着顾客说：'姐姐，您穿这件衣服真的好漂亮，我好喜欢哦，可惜我穿不出来您这种感觉。'"

"对对对，没错没错，这话你说最合适了，我们说了顾客还不信呢，哈哈。"翩翩和张靖忙不迭地点着头，会心地笑道。

培养不等于复制。

门店工作中常会出现这样的情况：把新导购交给老导购帮带。等徒弟出师了，你就会发现又一个克隆版的师傅出现了：往往师傅喜欢用什么口头禅，徒弟就会把这个口头禅学得惟妙惟肖。甚至师傅喜欢用什么手势、什么姿势站立，徒弟都学得一模一样。但是这个克隆版往往无法超越真品，因为赝品终究是赝品。

这样真的有助于销售吗？答案当然是否定的！画虎不成反类犬的情况并不鲜见。因为话术、手势可以复制，但性格、经历无法复制。人只有在做自己的时候，才会做得最好。模仿者永远无法超越原作者。就像有那么多人模仿周杰伦、范冰冰、杨幂、鹿晗，可有谁的名气大过他们吗？

每个人都不同，做真实的自己，说最真实的话就好。

锦囊一：教套路，教感觉

老导购可以教给新导购面对不同的顾客异议时的话术套路和传达给顾客的感觉，但要向对方说明不能一味在顾客面前照搬背诵每一个字眼，要灵活运用。

锦囊二：多尝试，多实践

鼓励新导购自己解决问题。当然，在这个过程中，老导购一定要跟进，帮助解决困难。因为徒弟毕竟是徒弟，不一定具有完美解决问题的能力。

锦囊三：模仿的是神，而不是形

新导购最初的学习从模仿开始，这个很正常。但切记，新导购要模仿的是师傅的神，而不是形。话术一模一样、惟妙惟肖是没有用的，新导购真正要学习的是师傅对待每类顾客的态度，面对问题时的处理方法，怎样赢得顾客的心，而非简简单单背师傅那几句话而已。这一点，老导购在带教新导购时也要时常提醒他们。

欧阳寄语：世界上没有一模一样的事物，做自己就好。

疑难与攻略 12：导购如何快速提升自己？

导购筱筱刚入销售行业不久，是一家店铺的新导购。筱筱觉得这份工作很有意思，也很有挑战，很想把工作做好。

可是，都说“万事开头难”，刚刚入行的筱筱总是摸不着头脑，老问同事又觉得不好意思，毕竟同事们也都各有各的工作。请教店长吧，又觉得店长很忙，不是开会就是考核，筱筱不好意思打扰。自学吧，筱筱又觉得很多东西需要摸索，真不知道什么时候才可以成为优秀导购。

这天，筱筱听说和她同时面试的东门店导购小江才入职三个月就被提拔当了店长。同样都是新员工，同样都是导购，人与人之间的差距怎么这么大呢？为什么小江可以被快速提拔，三个月就从新人到了店长的岗位，而自己，同样也是三个月，却连导购的工作都还做不好？

筱筱郁闷极了。

每个行业都有难关，在刚刚入行的时候，每个人都会遇到各种各样的问题。

有的导购工作十年了，还勉强只是一名合格的导购而已，而有的导购，入职不到半年，已经成为店铺的销售主力，甚至当了店长。这两种情况都不鲜见。确实，因为每个人的工作基础不同，性格、爱好不同，资质和经历不同，能力自然也会有差异，不一定每个人都可以快速地成长。

那么，要成为一名优秀的导购有没有捷径或者是技巧呢？其实是有的。

锦囊一：知道自己是来干什么的

如果你想要在导购岗位上快速成长，首先就要有明确的目标，知道自己是来干什么的。当你带着目标去工作时，动力就会更足。

同样的一份工作，有的人是为了养家糊口；有的人是为了打发时间，混日子；有的人是为了有份工作而已；而有的人是抱着学习成长的心态来的。抱着不同心态的人，其工作状态必然是不一样的。

锦囊二：知道这个行业的要求

导购行业看似简单，其实不然。想要成为一名优秀的导购，还是要学习很多专业知识，具备很多专业技能的。例如公司理念、品牌知识、时尚资讯、商品知识、销售流程学习、话术演练、陈列搭配、服务技巧等，甚至包括对规章制度的遵守，都是这个行业对导购的基本要求。要想快速成长，先尽快达到最基本的要求吧。

锦囊三：主动请求承接小任务

工作的主动性决定了你可能比别人接受的挑战更多，从而成长得更快。合适的时机，不妨多主动请缨，争取更复杂、更困难的任务，这样既能锻炼自己，又能让别人注意到你的才能。

锦囊四：时时刻刻保持学习力

三人行，必有我师焉。要善于向他人学习。

学习的渠道有很多种：参加培训课程、听讲座、看相关行业的专业书籍和文章、关注行业资讯。除此之外，在工作中多向上级请教，多向能力强的老导购学习，多吸取同事们的优点，同样也是学习。

前段时间热播的电视剧《欢乐颂》里的关雎尔，无疑就是一个学习能力很强的人。她不是名牌大学毕业，资质也平庸，费了很大的劲儿才能在位列世界500强的公司里转正。在个个是精英的环境里，关雎尔的压力很大。

不过，关雎尔有两大优势：一是谦虚内敛，温文尔雅，能够博得很多人的好感，让大家都愿意帮助她，就连“高冷姐”安迪也心甘情愿每天当免费车夫，载关雎尔一起上班；二就是善于向他人学习，可以说是时时刻刻在学习。《欢乐颂》第一季里，当关雎尔听说安迪要帮曲筱绡拿下国际品牌代理权时，赶紧拿着笔记本连夜跟着曲筱绡一起学习。就像她自己说的：“最起码旁听下，也可以了解商界大牛安迪的思路啊！听安迪说一席话，顶自己上半年班学到的。”这就是悟性，是学习力。连“小妖精”曲筱绡也说过，关雎尔45度角仰视听别人说话的样子，真让人舍不得拒绝。

爱学习，会学习的人，机会无限。

锦囊五：及时总结沉淀

每天的工作都会有可以学习的东西，要及时沉淀和总结，实践学到的知识经验，发现自己在工作中的不足之处。学会用笔记下自己的心得，便于随时翻阅。

会总结、能沉淀，方能日学日新。

锦囊六：制定目标规划

有目标才有动力。要不断提高对自己的要求，攀登更高峰。

欧阳寄语：只有你自己，才能决定你的明天。

第三章

导购不“听话”你怎么办?

店铺所有的工作都是为了销售。在日常工作中，门店管理者必须以身作则，在导购中树立其个人威信，同时针对导购只重视/不重视销售、导购喜欢打“小报告”、导购无原则地给老顾客让利、导购之间抢单等情况，以事实为依据，做出公平公正的决断。

“小章，今天是周末，估计客流会很大，下午安排你加班两个小时，辛苦一下。”店长李艳说。

小章一听加班，心里十分不乐意，眼睛一转，笑着说：“哎呀，店长，不行，我早跟男朋友约好了，今天是他妈妈过生日，我一定要过去给他妈妈庆祝，不好意思哦。下次吧。”

……

“小朱，你来把橱窗擦一下。”店长安排。

“怎么又是我呀？上次橱窗就是我擦的，好不好？”小朱不情愿地嘟囔着说。

……

“阿芬，怎么昨天的报表又做错了，刚才公司又打电话过来批评了。再这样下去，我们店就要成负面典型了。”店长埋怨道。

“我怎么知道，是人都会犯错，不行你来做。”阿芬毫不在乎地顶撞道。

……

个性叛逆、心高气傲、受不得一点委屈，经不起一点批评，说起导购的“不听话”，很多门店管理者怨言一大堆，因为这类事情实在太多太多：“现在的独生子女啊，哪里像我们那时候，这哪里是员工，分明是爷。”

“四大名著”之一的《西游记》相信每个人都看过，即使没看过书也一定看过电视剧或动画片。它给每个中国人的童年都留下过很深的印记。其实，《西游记》不仅是一部影响深远的文学巨著，同时也是一部管理手册。

观音菩萨是很会用人的。她选择的师徒五人组成了一个非常优秀和完美的团队。让我们来仔细分析一下这个团队。

团队的领导者——唐僧。他降妖伏魔的能力是最弱的，连沙僧都有十八般变化，唐僧却只是一个手无缚鸡之力的文弱和尚。那观音菩萨为什么选择唐僧作为取经团队的领头人呢？首先，他够忠诚、够坚定，目标明确。而忠诚度和坚定的意志是在千难万险的取经途中最重要的素质。其次，他善良、人品好、正直，这些特点也是作为团队领导者必须具备的。有人说，唐僧废话多，而且是一个凡人，管理能力也不行。非也。还记不记得在取经途中，唐僧为了管教泼猴孙悟空，多次念动紧箍咒？多么赏罚分明啊！

团队的中心人物——孙悟空。没有他，唐僧取经也许就不会成功。斗战圣佛的累累功勋是有目共睹的，自然，观音菩萨最终也给了悟空足够的荣耀。

除了这两个人，团队中还有任劳任怨的沙僧、好吃懒做的八戒和没什么存在感的白龙马。这里就不再详细剖析了。

能力强的人不好管？那我们来看看观音菩萨是如何管理这个取经团队的。一方面，她假借给唐僧找徒弟之名给予了悟空恩惠，使悟空摆脱了压了自己五百年的五行山。而且在整个取经途中，观音菩萨始终对悟空很宽容。甚至有人认为，观音菩萨对悟空的爱护，几乎是一种父母对孩子的爱，这对于无父无母的孤儿孙悟空来说是相当可贵的。另一方面，她既给了悟空三根救命毫毛，同时又给了唐僧紧箍咒，使悟空受到约束。可谓是两手一起抓。最后，师徒五人成功取得真经，悟空这样桀骜不驯的泼猴也成了佛，观音菩萨的管理能力令人钦佩。

那么，在现实生活中，面对越来越多门店管理者的困惑和苦恼，如何解决这些问题，搭建起导购与管理者之间的桥梁呢？这一章为你指点迷津。

疑难与攻略 13：新任主管如何树立在员工心中的威信?

丁洋已经在新公司工作三个月了。他是以导购的身份入职的，入职以后，因为工作表现出色，第一个月是导购，第二个月就被提拔为副店长，第三个月被公司老板直接提拔为销售主管，管理下属的四家门店。

如此火箭般的晋升速度，自然让不少人眼红，而这背后，也是有其特殊原因的。

这家公司之前是老板亲自管理门店，根本没有销售主管这个职位，除了老板，就是店长。现在，公司专门为丁洋设置了这样的一个职位，让他施展才华。丁洋所在的这家公司是一家代理商公司，规模虽然不大，但老板非常重视人才。丁洋之前工作的公司在业内非常优秀，老板自然想让丁洋把以前好的经验带过来，给他们来一番改革创新，那么因人设岗也就是顺其自然的事情了。

丁洋被提拔为销售主管以后，非常感激老板的信任。俗话说“士为知己者死”，有赏识自己的老板，有充足的发展空间，有熟悉的工作环境，丁洋当然想大干一场了。

“新官上任三把火”，这三把火烧得好不好，将决定你在群众中树立起来的威信如何。丁洋同样也对新的岗位充满着无限的憧憬和抱负。但作为新领导，该如何树立威信，让下属信服呢？这个问题一直困扰着丁洋。毕竟丁洋的资历不深，现在的职位又在一些“元老”之上，“抢”走了本该属于“元老们”的地位。因此，有的下属对丁洋心存敬畏，有的下属对他阿谀奉承，有的下属则冷眼旁观，甚至故意拆台。这种种质疑和困境让丁洋刚上任时的理想抱负一下子被现实击碎了。

“管他们那么多呢，先做好自己分内的事情再说。”丁洋告诉自己。紧接着他拟定了一系列的工作制度和管理规范。这里以前是老板直接管，更多是靠个人魅力，而非规章制度，所以很多东西都没有形成书面的规范。但丁洋认为“无规矩不成方圆”，一定要先有详细条款，然后按照条款执行，管理才能井然有序。

丁洋参照之前工作的大公司的经验，仔细分析了新公司的现状，然后结合目前的情况，制定了一系列管理规范和工作制度。制度制定出来之后，就要执行。新的环境、新的员工，所有的一切都是陌生的，丁洋开展这些工作觉得倍加艰难，虽然有老总的支持，但还是很难得到员工的响应。通常，丁洋说什么，员工表面不会反对，但也根本不执行，而且背地里还对丁洋指指点点。一时间，丁洋觉得在这里完全找不到施展才华和抱负的机会。难道真的是自己做错了吗？丁洋非常郁闷。

眼看着这样一个名不见经传的“小字辈”突然之间变成自己的顶头上司，“元老”心有不服也是常见的事。因为，当被人视为“元老”时，就一定会拥有一些比别人更高超的能力和优势。比如，他们往往经验丰富、有比较稳定的人际关系和强大的群众基础，甚至身边还聚集着一群“拥戴者”。但同时，“元老”往往由于年龄偏大而工作激情减退，因循守旧、应变能力差，常陷入“经验主义”的怪圈。因此，他们既听不进去别人的意见，也不善于学习和充电，更不屑于年纪轻轻的晚辈领导自己。

其实，案例中的丁洋完全可以在上任之初，首先召开导购全体会议，会议的形式可以是民意调查或“诊断会”之类的。丁洋可以在会上表达自己充满信心的工作态度，并通过与导购们的充分沟通，了解大家的想法。比如导购对市场竞争、公司生存环境的看法如何，鼓励导购提出当前工作中存在的问题和对公司最不满意的地方，以及如何改进的方法等。导购们在充分民主的气氛下畅所欲言时，丁洋既可以了解终端导购对工作、公司的意见，也可以使自己受到启发，甚至是为自己的工作找到突破口的好机会。除了全体会议的方式，丁洋也可以利用一对一的私下交流，更细致地了解员工的想法。一般情况下，新上任的上司主动找员工单独谈话，给予充分的信任，会有相当一部分员工出于对上司面子上的考虑也好，出于自己想表现一下个人能力也好，都会言之有物，主动表达积极的工作态度。在这个过程中，丁洋也就收获了人心。

诀窍一点通：

上任之初，“听”和“看”比“做”更重要。

同时，新任主管还应该：

- 明了优秀主管的标准；
- 明了第一印象很重要，留给下属好的第一印象；
- 展现自己亲和的一面；
- 善于接受不同的意见和建议。

同时，管理者下达的工作指令要清晰准确，不要朝令夕改，尤其是多店管理，更要考虑到终端导购对相关工作的理解程度，充分做好指引工作。比如，让导购表述执行工作的相关内容、由门店管理者讲授执行的技巧与方法、分配导购分头完成项目工作。在执行的过程中，进行跟踪与监督，对执行当中做得不好的地方进行纠正、指导，确保工作顺利完成。

锦囊一：威信的树立要靠管理者的个人魅力

所谓“威信”，一是“威”，二是“信”。如果想要有“威”，就先要有“信”。

作为一名门店管理者，只有具备一定的领导魅力，员工才会崇拜你，喜欢你，把能够与你一起工作视为一件乐事。

门店管理者魅力的形成应建立在以下几方面。

对自己和店铺员工工作有统一的标准要求

制定统一的标准要求，一视同仁，奖惩分明，不偏袒任何人，不徇私，同时自己以身作则，与员工一起遵守规章制度，这些都是管理者拥有领导力的基础。

对下属关爱

发自内心的关爱会使员工感觉很温暖、很真诚，但过分的关爱会使员工对领导过分依赖，因此在关心下属的时候，领导者要根据不同的情况表达适当的关心，把握好分寸，既要和下属充分地交流和沟通，又要保持适当的距离。一方面，如果和下属关系太亲密，就会影响你作为管理者的威慑力；但另一方面，树立威信不等于妄自尊大。

以身作则，勇于承担

只会要求下属，不懂以身作则的领导，得到的只是员工怕你，而不是服你。一位有魅力的管理者应当对事情肯担当、肯负责，能及时解决店铺的各类问题，敢于创新，这样才能让员工敬佩。

锦囊二：充分了解员工的心声

建议新上任的管理者不要心急开展工作。在你刚上任，开展具体工作之前，一定要做好以下几方面的调研：

- 了解店内导购们的性格及目前的工作状态；

• 了解门店以往的工作程序；

• 了解门店以往的工作制度及惯例；

• 了解门店目前存在的问题；

• 分析门店的优劣势。

当充分倾听下属意见的时候，你的威信就增值了。不要以为威严就是威信，威信往往无声地滋长于下属心中，看似柔弱却无坚不摧。而且，面对自己的错误要敢于剖析和反省自己，这样做不仅不会损害管理者的威信，反而会使下属感到亲近和信任。在与上司相处时，下属一般会感到紧张、拘谨，管理者应以平等的姿态、真诚的态度、风趣的言语，主动创造和谐轻松的氛围，消除对方的紧张心理，缩短彼此的心理距离。这样既能建立起管理者平易近人的形象，又能使下级受到鼓舞，把管理者视为知己，从而敞开心扉，以心交心。

锦囊三：信守承诺，树立威信

作为门店管理者，应该做到“言必信，行必果”，始终信守承诺，不朝令夕改，在心中确定制度的标准和要达到的效果。

欧阳寄语：言传身教，以身作则，无形中自然树立威信。

疑难与攻略 14：导购只做杂活，不重视销售怎么办?

今年三月底，公司进行了一次人员调整，娜娜被调到了阳光路二店。娜娜是二月份刚入职的新导购，人长得小巧玲珑，做起事来也很踏实，在来这里之前是在鼓楼大街一店试用的。

娜娜到阳光路二店上了两天班之后，店长心怡就发现了问题。娜娜每天很勤劳，但只是做做卫生，整理货品，或者烫烫衣服，打打下手，不重视做销售。心怡提醒了娜娜，让她来到新店铺不要紧张，放手去做，但娜娜的业绩仍然没有什么起色。其他导购也开始跟心怡诉苦，说和娜娜上同一个班很累，她就是个摆设，不接顾客，客流量大的时候店里根本忙不过来。

于是心怡又推心置腹地跟娜娜深谈了一次。

深谈之后，心怡才知道了原因。原来娜娜之前试用的鼓楼大街一店老导购很多，只有娜娜一个新人，那些老导购都是销售高手，推销商品时不喜欢娜娜插手，觉得她碍事，帮不上忙，只让她做一些辅助性的工作，打打下手。到了阳光路二店以后，娜娜以为这里的要求也是这样，就很本分地做些零碎的工作，对销售的兴趣不大。

诀窍一点通:

当看到员工工作不积极时,店长一定要深入了解,探求真正的原因,有针对性地解决问题。

了解情况之后,心怡哭笑不得。她叹了口气,拍拍娜娜的肩膀说:“娜娜,你是一名很踏实的员工,很努力,也对店铺的工作有一定帮助,但作为导购来说,最重要的本职工作是销售。如果大家都只做杂活儿,那销售就没人做了,店铺没有业绩,就无法赢利,长此以往,店铺的效益会越来越差,这不是本末倒置吗?有一点你尽管放心,在我们店铺,绝对不会因为你是新导购,大家就排斥你,不让你做销售。相反,大家都希望你尽快上手,帮我们分担销售的压力。现在正是销售春装的旺季,店里很需要销售能手。希望你尽快调整好自己,努力去销售,我也会一直帮助你。”

娜娜听了店长心怡的话,不好意思地笑了。

后来,心怡开始着重跟进娜娜的销售工作,帮助她提升销售技巧,培养她独立接待顾客的能力。每天派给导购的工作也更加明确,给每个人定好目标,大家都更有干劲了。

虽然导购的日常工作有很多,但销售永远是最重要的,也是要放到第一位的。

一个农夫养了一只黑狗和一只花猫。起初,花猫和黑狗相处融洽,分工明确。花猫帮主人捉老鼠,黑狗帮主人看门。主人很喜欢它们两个,把它们养得肥肥胖胖。一天,黑狗正在墙根下懒洋洋地晒太阳,突然一只老鼠从它面前跑过,黑狗下意识地跳起来,一口咬死了老鼠。主人刚好看到了,大声地表扬,并赏了它一根骨头。黑狗津津有味地啃着骨头，心想：看来我也可以捉老鼠，干吗不多捉点让主人高兴呢？从此，黑狗没事就趴在老鼠洞旁边，观察老鼠的动向，期望能再捉到几只老鼠请功。可老鼠很精，一看到黑狗在就不出洞了。黑狗也没办法，只好日复一日地守在老鼠洞门口。时间长了，黑狗不仅把看家护院的正业荒废了，也没有抓到老鼠。主人一气之下，将黑狗撵出了家门。

黑狗和花猫都有自己该做的事情，无疑，捉老鼠是花猫的强项，而黑狗的职责是看家护院，这是造物主早已为他们安排好的。

诀窍一点通：

每个人的职责都有主有次，有轻有重，一定要分清。

比如 NBA（美国男子职业篮球联赛）球员的责任就是打球，如果一名球员只是长得帅，会跳民族舞，而球技不佳，那他肯定在 NBA 待不长。任何职业都是这样的，一定要明确自己最重要的职责是什么，永远以它为重。

锦囊一：了解深层原因

导购不爱做销售时，门店管理者要与其沟通，了解深层原因，关心员工的生活，发掘员工的优势和长处。

一般员工只干杂活，不做销售的原因有以下几种。

不愿意与同事抢单

有些新导购因为怕和老导购抢单，得罪人，因此不愿意做销售，宁可做其他事。

受之前所在的环境误导

案例中的娜娜就是如此，因为之前所在的店铺有潜规则——新导购打杂，老导购做销售，所以到了新店以为依然如此。

个人兴趣爱好

有些导购更喜欢做陈列或处理账目等其他店务工作。

个人能力有限

这类导购往往销售时存在障碍，没有销售技巧或性格内向。

锦囊二：分工帮带，慢慢锻炼

因为导购的工作性质所限，工作成果和业绩必然是门店管理者对导购能力考核的第一标准。但管理者也不要不加考虑，断然否定导购的其他工作成果。

如果是导购的能力问题，作为管理者，应该帮助导购制定目标，完善个人的能力。如果是工作态度的问题，管理者要帮助迷失方向的导购确定做事的主次和目标。

锦囊四：掌握主动性，不要让员工牵着鼻子走

门店管理者应该时刻清楚选择导购的标准和对他们工作的要求，适时给予导购帮助，不要因为自己的个人喜好或个人感情对某个导购放松要求。

欧阳寄语：能抓到老鼠的猫才是好猫。

疑难与攻略 15：导购只做销售，不做其他怎么办？

每位门店管理者都希望自己的店能有几个销售高手，这样店铺的销售业绩就不用愁了。但是，手下有几个销售能力超强的导购的店长雪儿，最近也开始发愁了。

这家位于市中心的旗舰店刚开业时，整个公司的人都满怀信心，希望旗舰店能够再创业绩新高。雪儿之前是在另外一家同品牌的老店工作的。为了让旗舰店尽善尽美，公司专门把她调到这家新店做店长，另外还给她配备了几个销售能力超强的高手，以辅助她的工作。从开业到现在，旗舰店确实也不负众望。店铺是"五一"前开业的，第一个月的单月销售业绩就突破了百万元大关，破了公司的纪录。雪儿觉得脸上有光，店里的导购也都群情激昂，销售氛围一片大好。

从六月底开始，零售市场慢慢进入了淡季。到七月中旬，已经彻底进入了服装行业的低谷期。这时，雪儿店铺的问题也逐渐显现了出来。

之前在旺季的时候，店铺一切以销售为主，客流量也很大，大家忙忙碌碌，齐心协力，共创业绩新高，看不出什么问题。但到了淡季之后，客流明显减少，店里也没有那么忙了。为了让大家不要松懈，公司决定以每年七月为

“卫生月”，要检查各店铺的卫生情况。身为旗舰店店长的雪儿自然也不甘落后，希望自己的店铺样样领先。但是当她安排打扫卫生工作的时候却发现，几个销售能力超强的高手很难叫得动，除了销售工作之外，他们对待其他工作一点也不积极，能推就推，摆出一副“大腕儿”的派头，似乎在有意无意地向其他人昭示：我们是销售能手，店铺的业绩都是我们挣的，其他活儿你们干吧。

这可不是什么好苗头，长此以往，店铺的导购必然会分成两个等级，这不但会影响大家的团结，对工作也没有一点好处。大家都知道销售是一项需要配合的工作，如果导购不团结必然会影响店铺业绩。因此，雪儿分别找了那几个销售高手私下交流。她先肯定了他们在销售方面的优异表现，也感谢他们自开业以来为公司、为店铺的辛苦付出和创造的辉煌业绩，但同时也严厉地指出：“作为一名导购，工作职责是多方面的，虽然销售是其中重要的一项，但其他工作也需要做，店铺的每项工作都需要所有人参与。你们的销售业绩是店铺的骄傲，但是我希望在其他方面，你们也能给店里的其他同事做榜样。接下来是淡季，公司在这段时间会加大对各店铺的巡视和监管力度，我们的工作重点有所转移。往后我会将每天的工作责任分配到个人，希望大家能积极配合。”

诀窍一点通：

门店出现问题，一定要及时解决。

无独有偶，网上也曾有过这样一个类似的帖子：

现在店里的导购做事情太没责任心了，没有一点奉献精神。卖场的卫生不愿做，总是说：“我不是来打扫卫生的，我把生意做好就行了。”我是店长啊，不可能让我做吧！说他们也爱答不理的，我该怎么管理他们呢？哎，真的不知道应该用什么方法！请大家帮帮我吧！

下面第一条网友回复是：

以身作则。如果你只知道吩咐别人做，自己不动手，要是我，我也会觉得这个领导就只会吩咐别人干活，自己什么也不干。如果你主动做了，有责任心的员工看到了会不好意思，会主动帮你干活的。

当一个人在某个领域取得一定成就之后，就会被人封为“大腕儿”，这个称呼很多时候是别人赋予的，是公众对于能力超强者的一种尊称。但是，如果自己给自己封个“大腕儿”的名头，并且时时以“大腕儿”自居，恐怕就不太招人待见了。销售是一个很容易产生成就感的行业，但如果沉浸在自己营造的荣誉感里出不来，一味地在那里孤芳自赏，就会迷失真正的自己。

作为门店的导购，销售是日常工作中最重要的一部分，这是毋庸置疑的。但同时其他工作也要兼顾，例如整理货品、做陈列、卫生清洁、整理顾客档案、制作报表，等等。在你整理货品、调整陈列、清洁店面的时候……无形中就对店里商品的库存数量、搭配方案和摆放位置更熟悉了，这样反而方便了你的销售工作。而制作报表、整理顾客档案等也可以让你更加清楚店里的销售情况，加深对顾客的印象。这些工作虽然看似与销售无关，但其实都可以在无形中辅助你的销售成交率。曾有一名仍在试用期的新导购卖掉了一件积压在仓库五六年的衬衣，因为她到店后每天负责整理库房，便发现了这件蜷缩在角落里的衬衣，她把它拿了出来，成功推销给了顾客。

锦囊一：清楚每位员工的特长

因成长环境、人生经历、遗传基因不同，每名导购都有自己的特长。作为管理者，我们要熟悉每名导购的性格特点和擅长的事，尽量合理安排工作，让他们找到适合自己的位置。如果某名导购销售方面能力特强，可安排他主要做销售工作，但同时，给这名导购定的目标和任务也应该更高。

锦囊二：日常事务分配到人

不要以为店铺的事情大家都很熟悉了，门店管理者就没必要再事事安排，除非你的导购真的非常团结，每个人都非常积极主动。不然，你会发现人都有懒惰的一面，必须要靠制度来约束。

每月、每周、每天的店铺日常事务都可以分配到个人。门店管理者按照公开、公平的原则，分配每名导购的工作，形成规律之后可以让导购自己选择，或者与导购协商决定，但前提是目前大家情绪都很稳定，对派给自己的工作没有怨言。

锦囊三：只有分工不同，没有等级不同

销售是导购的主要工作，但不是唯一的工作；导购只有分工不同，没有等级不同。在日常工作中，门店管理者本人必须以身作则。此外，将日常行为规范列入导购晋升的考核范围内，占比达到30%以上。

欧阳寄语：店铺所有的工作都是为了销售。

疑难与攻略 16：如何管理爱打“小报告”的导购？

“哎呀，王姐你好，好久没看到你了，想死你了。”听到这个声音，不知情的人可能会以为是店铺的老顾客来了，导购在热情招呼，其实不是。这个声音来自于文山路二店老导购阿霞。每次零售经理王芳来巡店，只要阿霞上班，王芳就会看到阿霞的招牌笑容，紧接着就能听到阿霞的招呼声。都说伸手不打笑脸人，王芳也只能勉为其难地对阿霞笑笑，有时还要友好地回应一下。王芳心知肚明阿霞只是拍马屁，如果自己不在零售经理的位置上，阿霞不一定会如此热情。

王芳这样想是有原因的。阿霞是一个特别爱打“小报告”的员工。每次王芳来巡店，阿霞除了特别热情之外，还经常拉着王芳说悄悄话，而这些悄悄话多是对同事的指责。阿霞表面上对领导毕恭毕敬，对同事热情有加，实际上，她是最八卦、最两面三刀的。一旦某个同事犯了错误，阿霞立马背地里向领导打“小报告”，说 ×× 做事不认真。不仅不放过同事在工作当中出现的失误，就连平时同事电话联系顾客，或是跟顾客多聊了两句，她也会向上司反映，说同事上班时间“煲电话粥”，以此向领导表忠心。时间长了，王芳再看到阿霞的笑脸，心里不由得有些厌烦。

所谓的“小报告”，是指下属怀着不正当的目的，背地里向领导反映情况或说人坏话。因此，既然是“小报告”，就有可能是不完全基于客观、公正的前提进行的汇报，最关键的是——汇报人的目的不纯粹。

几乎每个工作三年以上的人都会发现：每家公司都几乎有一两个人，看不出来他们有什么专业上的过人之处，更没为公司立下过汗马功劳，但就是很得老板的喜欢。这类人有一个共同点——很喜欢打“小报告”。在公司里，“小报告”都是说给领导听的。如果领导是一个刚正不阿的人，这种“小报告”也起不到多大作用，但如果领导是一个黑白不分、易听信他人言论的人，“小报告”就会对被诬陷者构成威胁。领导的态度决定了“小报告”的作用。久而久之，一些人把打“小报告”当成是一种职场的生存方式，总觉得不打“小报告”就不能显示对领导的忠心，于是无时无刻不竖起耳朵，探听风声。

案例中的阿霞就走入了这样一个误区，把打“小报告”当成了一种习惯。当然，这也可能是阿霞在之前的公司或工作环境中形成的一种习惯。遗憾的是阿霞现在的上司王芳好像对“小报告”并没有那么热衷，对阿霞的举动似乎有些嗤之以鼻。

幼儿园中班、大班的孩子由于语言表达能力比小班时大大增强，而且刚刚对人际关系有了一些概念，总想去讨老师的欢心，但又不知道该怎么做，于是打“小报告”的特别多，而且打了还不知道自己是在打“小报告”，还以为老师会表扬自己。“我要跟老师讲”“我要告诉老师”，这些话听起来不陌生吧！我们小时候也经常在无意中打“小报告”，例如有两三个孩子的家庭，孩子闹矛盾时会说：“我要告诉爸妈。”

说到这里，让我们来看看美国教师是如何对待打“小报告”的学生的。

当学生向自己打“小报告”时，美国教师首先会鼓励学生自己解决问题。比如有个学生向老师告状说同学不跟他玩，老师问的第一句是：“那你试图怎么解决？”老师鼓励学生先自己和小朋友商量着解决问题，实在解决不了再来找他。或者某个学生说：“××把东西摔在地上了。”老师会说：“那你有没有想过如何帮他解决这件事情？”

如果老师实在没时间，就会用最简单的一句话对付这帮告状的小家伙：“××，请管好你自己的事，不要多管闲事”，或者是“谢谢你让我知道”，然后就结束谈话。告状的学生可能只是想通过告状的行为引起老师的注意，此时老师简短的回答既可以满足他的这种心理，又能让他知道打“小报告”不是最好的方法。

诀窍一点通：

当打“小报告”的员工把问题抛给你时，不妨先让他提出解决方案。让他明白，“小报告”不是那么容易打的。

据说有一次唐太宗李世民问一位十分亲近的大臣：“以我平时对你的观察，在众大臣中，你是最忠心耿耿的贤臣，可是仍然有人在背后说你的坏话，打你的‘小报告’，这是为什么呢？”

这位大臣思索了一阵，说：“我以为，春天的雨就像油一样，滋养着万物，农民们自然喜欢，因为他们的庄稼得到了春雨的滋润，可以有一个好收成，可是下雨对于一个外出的人来说就是坏天气，因为它会将路淋得泥泞难行；秋天的月亮，普照四方，有情人在月亮下赏月，那该是最惬意的一件事，可是皎洁的月光对于一个乘夜幕笼罩进行偷盗的人来说，那肯定就是很讨厌的东西。”大臣停了一下，接着说，“老天爷都不能满足天下所有人的心愿，何况是我呢？以我的经验看来，人们私下说长道短，最不能听信。如果皇帝听信了，大臣就要遭殃；如果父亲听信了，儿子就要遭殃；如果夫妻听信了，可能就要离婚；如果兄弟听信了，就会伤情义。作为一个顶天立地的人，不能轻易相信别人的说三道四，因为你别看那舌头软弱无力，但它杀起人来是一点血也看不到的。”

唐太宗始终对打“小报告”持保留态度，武则天却对打“小报告”不加警惕，甚至还鼓励并奖赏打“小报告”的人，以至于周兴、来俊臣等一批靠打“小报告”起家的小人青云直上，高居庙堂，而忧国忧民、直言劝谏的忠臣良将不是惨遭毒手，就是流落他乡。

千百年来，仁人志士皆忧谗畏讥，诸葛亮反复叮咛后主刘禅“亲贤臣，远小人”，足见“小报告”的杀伤力之大。

当员工给你打“小报告”时，先看被报告的人做了什么，再听别人说他什么。作为管理者，始终要把“做”放在第一位，“说”放在第二位。其次要宽容大度，要容得下话、容得下人、容得下事，对别人的话不斤斤计较，对背后的议论不耿耿于怀。最后是要对听到的话反复掂量，多问几个为什么。

锦囊一：专注倾听，不露声色

管理者要以听不听都无所谓的态度去听“小报告”，不露声色，仔细分析对方的意图。

切勿表现出对“小报告”非常热衷，很好奇的态度，这样会促使打“小报告”者更加兴奋，容易夸大事实，并乐此不疲。

锦囊二：多方面了解事实真相，有主见

管理者在听完“小报告”后，首先要多方面了解事实真相，明察秋毫，以免误导、误会员工；其次要防止事态扩大，使事情永远在自己的可控制范围之内，避免激化矛盾；同时注意员工的投诉，严格区分“投诉”与打“小报告”。

除此之外，管理者要有主见，综合各方面的观点看待问题，不被任何一方牵着鼻子走。

锦囊三：以团队利益为最终目标，达成一致

在很多时候，打“小报告”是为了个人利益或小团体的利益。管理者在处理事情的时候一定要从大局出发，兼顾各方的权益。

锦囊四：打“小报告”的同时需提供解决方案

管理者可让打“小报告”者提供问题的备选解决方案以供参考，让他明白“小报告”不好打。

欧阳寄语：凡事皆有利弊，遇事须看两面。

疑难与攻略 17：导购没有原则地给老顾客让利怎么办?

“燕姐，您穿这条裙子真的可好看了，把您身材的曲线都显出来了，这哪看得出是当妈妈的人啊！”导购菲菲站在老顾客燕姐的旁边赞不绝口，并帮燕姐整理着裙角。

“你呀，这张小嘴越来越甜啦！”燕姐美滋滋地在镜子面前转圈，笑着说。

“哪里，哪里，是燕姐您身材确实好。”菲菲不遗余力地恭维。“燕姐，怎么样，您今天是穿着走吧?”菲菲趁热打铁。

“嗯，好吧。这条裙子还真的不错。我也好喜欢。今天穿着走吧。”燕姐满意地说。突然，燕姐好像想起了什么，问道：“对了，菲菲，我记得你每次都送我点赠品，今天给我什么赠品呀?”

“哎呀，燕姐，不好意思，今天真没什么赠品了。”菲菲面有难色地说。

“不会吧? 你不是每次都送赠品给我吗?”燕姐继续在镜子面前打量着自己，诧异地问。

> **诀窍一点通：**
>
> 顾客的贪婪是被导购惯出来的。

“那这样吧，燕姐，我想想办法。”菲菲转身朝店长走去。最终，菲菲以“顾客选中的裙子为样品，有污渍”为由，向公司总部申请，送了一枚胸针给燕姐，而这枚胸针其实是店铺销售的商品，标价398元。燕姐兴高采烈地穿着新裙子走出店铺，菲菲殷勤地帮燕姐拿着纸袋，送到门口，说：“燕姐，下次来了不要忘了找我哦。”“那当然，下次不要忘了送赠品哦。”燕姐朝菲菲挤了下眼，袅袅婷婷地走了。

菲菲热情地朝燕姐挥了挥手，道了再见，她走进店铺之后听见店里的两个同事在嘀咕：“怪不得这个燕姐每次来只找她，原来她老是给顾客送赠品。还说什么样品，有污渍，哪里有污渍？都是新的，刚从仓库拿出来的。真是，为了抢顾客，什么招都用。这种人呐……”

菲菲想跟她们辩白两句，但又觉得有些心虚。她迅速咽了下口水，假装没听见。

从上文的案例中可以看出，作为店铺老顾客的燕姐应该本身就非常喜爱该品牌的衣服，而且有一定的经济实力。从她漫不经心的话语中，我们可以感受到，并不是燕姐买不起，或者非要赠品不可，而是菲菲已经把顾客的胃口养“肥”了，每次都承诺会送顾客赠品，让顾客形成了一种意识——来这家店买东西都有赠品。这次没有赠品她当然心不甘情不愿。菲菲为此无原则地申请了特殊情况的处理。这其实就是在没有原则地让利，白白浪费了公司资源。

门店管理者都知道导购在销售商品的过程中会遇到很多突发情况，所以公司也会给门店的导购或店长一定的权限，例如可以免零、某些款式的衣服可以有暗折、可以有赠品、可以免洗衣费用，等等。这些权限都是为了在特殊情况下，例如销售不能顺利成交时，用这些让利促进成交，用最小的损失达成销售。但往往到最后，这些让利却总是变了质。尤其像菲菲这样没有原则的导购刚好碰上了一位同样原则性不强的店长，那么发生白白浪费资源的事就不奇怪了。时间长了，甚至会形成一种风气，不只是顾客有占便宜的习惯，导购自己也会习惯性地给顾客让利。

锦囊一：确立制度，规定底线

用制度来规定门店给顾客让利的底线，通过详细规定各种情况的让利标准及处理原则来对导购和店长进行约束。

锦囊二：店长责任制

毫无疑问，店长的态度非常重要。所以，店长应该承担责任，包括对顾客优惠的尺度也应该由店长来把握。店长必须知晓实情并签字确认所有让利的单据，导购才可以给顾客让利，而不是随便一名导购就可以轻易承诺顾客。

锦囊三：晓以利害

门店管理者在日常的管理工作中，要经常对导购晓以利害，强调这方面的要求，必要的时候也可以对某些典型违规行为“杀一儆百”。

锦囊四：监督抽查

没有监察就没有管理。门店管理者在日常巡访中的监察可以让导购随时有紧张感，谨守公司制度与原则的尺度。

欧阳寄语：真正能留住顾客的，不是小恩小惠，而是情感上的交流，真诚的关注。

疑难与攻略 18：“95 后”导购个性分明，喜欢唱反调怎么办？

洪宇一毕业就加入了公司，从什么都不懂的新手导购干起，经过几年的历练，成长为一名店长。她是新手导购们学习的榜样。同样地，她也颇为自己的成绩自豪，常常以自己为案例教导“95 后”的导购们要上进，不能没有追求。

结果店铺中的“95 后”导购们并不吃这一套。每当洪宇苦口婆心地教导他们的时候，她还没张口，导购们就开始学她的口头禅“想当年呐”“你们这些年轻人”……让洪宇哭笑不得。即使有时导购们勉强听完了她的话，也只是表面应付，转眼即忘，根本不去行动，甚至还故意跟她唱反调。

都说“95 后”难管，我认为这是一种偏见。

在每个年代，相对年轻的那批人都会受到老一辈人的非议，觉得他们太有个性，不好管。以前说“90 后”不好管，现在是“95 后”，再过几年，该说“00 后”难管了。不同年代的人因为经历和成长背景的不同，思想观念有所不同是很正常的事情。

如果想让“95后”服你，你自己首先要有“两把刷子”。我的课堂上有“95后”的小姑娘，也有白发苍苍的老太太。虽然课程招生的群体是店长，但往往很多代理商老板会亲自带导购团队来上课，因此，课堂上会出现各种级别、各个岗位的人。这些不同年龄，不同岗位的导购们在课堂上一同欢笑，一同落泪，一同学习，一同成长，他们一样专心，学习的激情一样势不可挡。

网络和媒体大肆渲染“95后”多么难管，甚至还有很多业内专家专门研究“95后”管理的课题。其实，有个性的人什么时候都有，用好了会很优秀，用不好，别说“95后”了，“90后”“80后”也一样难管理。

其实作为员工，“95后”身上也有一些优点，他们并非一无是处。例如，他们非常乐意接受新任务，而且愿意贡献自己的想法；他们觉得自己已经是成年人，谁也没有资格教训他们，特别反感倚老卖老的管理者；他们有鲜明的个性和新锐的价值观；他们或许是生机勃勃的员工，或许是充满希望的骨干，颠覆传统，冲击着现有的管理方式，让我们困惑，让我们苦恼，让我们倍受挑战！

诀窍一点通：

每种个性的背后都有积极的一面，要善于引导利用。

总之，“95后”不再为了生存而工作，而是为了生活而工作。他们感性，注重自己的感受，自尊心、动手能力强，在团队中配合度、接受度高，兴趣爱好广泛，对于资讯的掌握能力强，具有创新意识，注重自我实现。

锦囊一：接纳欢迎

你视我为一体，我才会与你一心。

如果门店管理者对“95后”导购看不顺眼，那么在安排工作的时候自然也会不够尊重，欠重视。此时，本身能力并不差的“95后”们自然不吃这一套。

记得有一次，我的公开课课程是9点钟准时开始，8点55分，主持人已经在里面热场了。作为讲师，我正在教室外候场。这时，从电梯里走出几个俊男靓女，其中有几个一看就是“95后”，发色鲜艳，棒球帽歪戴在头上，耳朵里塞着耳机，松松垮垮的T恤，低腰低胯的牛仔裤。乍一看你会觉得这是一帮“刺儿头”学员，是不会老老实实听课的。

刚刚开始上课时，他们几个有发呆的，有抱着胳膊四处看的。但当课程一深入，他们也是现场最投入的一批学员。因为我对这些个性的学员表现出一视同仁的尊重，甚至更加关注他们，偶尔拿他们时尚的穿戴来调侃，用他们富有个性的语言幽默一把。这样一来，他们也觉得我和他们是一伙儿的，老师是接纳并欣赏他们的。一节课过后，这些“95后”已经完全投入到课程中了。

锦囊二：投其所好

每位导购都有自己关注、关心的事，作为他们的管理者，你是否真正了解并关注到了这些呢？这决定着你的员工是否能和你统一频率，是否能和你一条心。

我曾经在做零售经理时招过一个女孩子，我清楚地记得当我问她为什么选择加入我们公司时，她的答案是：“因为你家的工作服好看。”当时我便心领神会，这是一个爱美的时尚小妹妹。

后来，她到终端门店试用，她的店长总跟我发牢骚，说这位导购她用不了。原来，这个爱美的女孩子每天早上来到店铺，总喜欢摸摸头发、打扮打扮，不喜欢打扫卫生，而导购免不了是要打扫卫生的。所以，店长无奈地说：“我管不了，她太懒了。”

我笑了笑，给了店长一个建议，任命这个女孩子当店铺的形象顾问，当然，因为是店长设置的岗位，所以有岗无薪。那么，形象顾问具体要做什么工作呢？每天上班之后可以不用和大家一起打扫卫生，但是她要负责把当班导购的形象打理好，妆容和发型都归她管。对于这个决定，当事人也十分满意。她说化妆和设计造型是她最喜欢的事情，她不觉得自己是在工作，感觉是在玩。

果然，在她的巧手之下，店铺导购的形象来了个 180 度的大转变，导购们开心了，顾客来到店铺购物时也都感慨他们的形象真好，甚至有慕名而来专门请她化妆的顾客。当然，每次化完妆、搭配完衣服，她还会顺带销售一些店里的商品给顾客。最后皆大欢喜。

所以，“投其所好”这一招在人性化管理中非常有用，尤其适用于“95 后”导购群体。

锦囊三：言传身教，以身作则

门店管理者教导导购要有目标、有追求的前提是，管理者本人也得是一个有目标、有追求，不甘于现状的人。店铺里始终应该是一种竞争激烈和积极向上的氛围。管理者要身体力行才能感染和引导导购，而不是躺在功劳簿上炫耀，因为导购们不会认为你的经验有多么值钱。如果你能用实力征服他们，用魅力影响他们，不用你说，他们就会对你佩服得五体投地。

锦囊四：切实帮助，而非说教

如果要问“95 后”们上班什么最重要，他们八成会回答你：开心最重要。没错，工作是否开心，能否融入团队，同事关系是否融洽，这些往往是“95 后”选择是否留在公司的重要标准。所以，如果你想充分利用好他们的才能，就要关注他们的状态，关心他们的内心所需，多在他们身上花点时间，花点心思，他们也会让你惊喜，回馈你更多。

不要试图用自己的思维方式左右他们，不要天真地认为自己可以改变他们的想法。命令只会让他们产生逆反心理，要主动去迎合、去引导，这样才能更好地去领导。

制订培养导购的计划，切合实际地帮助导购，提升他们各个方面的能力，真正传授给他们工作中实实在在的经验和技巧，而不是单纯地说教。

门店管理者在批评“95后”的时候也是需要技巧的，因为一句不合适的话就可能导致导购们对你的能力产生怀疑，甚至辞职。这并不是要大家容忍错误，而是要多给这一代导购空间与机会。工作过程中要给予细致的指导，正面肯定他们的进步，指出不足并加以激励，给他们机会让他们迸发出更大的潜能。

锦囊五：时时刻刻鼓励，激发工作热忱

做过销售的人都知道，因为市场容量有限，在某一时间段，门店根据以往销售额数字制定的基础销售目标往往是比较容易达到的，但超过这个目标往上的部分，哪怕是一万两万销售数字的增加，都会越来越艰难。业绩越高，提成比例也应该越高，多鼓励高业绩的导购。当然，这要根据公司的发展阶段来确定。刚刚起步的公司，应该把月奖励放到年底分红中，这样才能保证导购人才团队的稳定。

北京某品牌门店店长小易说：“我们店有8名导购，底薪都是1000元，但是公司规定每名导购每月必须完成4万元的销售目标，这样工资就有1200元，不过只要每人销售超过4万元，就按照2%的比例提成。如果卖出5万元，工资就能拿到1600元。超过5万元提成加高5‰，还有400元奖金。超过6万元，提成再加高5‰，还有800元奖金。加上如果团队月销售额达到40万元，每名导购还可以拿到额外的200元奖金。如果业绩达到50万元，每名导购就可以拿到500元奖金。达到60万元业绩，每名导购就可以拿1000元奖金。而且，每个星期公司都有明星导购的评比活动，只要这星期表现出色就可以领到公司品牌500元代金券作为奖励。所以我们店铺的导购销售积极性非常高。大家都在朝着更高的目标努力。”不同销售目标的提成比例不同，无疑形成了阶梯效应，激励导购不断前行，促使更多的销售高手出现。

门店管理者要与导购建立相互信任的关系，进行心与心的交流，让他们对公司有心理上的依赖和寄托。要鼓励他们创新，认同他们的个性，了解他们的需求和目标。时时刻刻激励员工，激发他们的工作热忱，让他们找到工作的成就感和荣誉感。平时也可多组织店铺的团队活动，培养导购的团队意识。

欧阳寄语： 接受“95后”的生活方式和工作方法，你会发现他们很可爱。

疑难与攻略 19：能为特殊请求破例吗？

店长小雅是一个勤奋上进、有责任心、性格温柔的女孩子，在公司中人缘不错。虽然她工作经验不多，但上级还是很看好她，给她配备了几个能力强、经验丰富的导购，希望她能把这个团队管理得蒸蒸日上。谁知道，小雅当店长不久，就愁容满面了。

毋庸置疑，有小雅这样的店长，店铺的氛围还是很好的，也不存在像其他店铺那样导购动不动和店长顶撞的现象，大家相处和睦。不管做什么，小雅都能以身作则，起带头作用。时间长了，导购们慢慢摸清楚了小雅的脾气，知道她对大家都足够地尊重和忍让。个别自律性不强的导购，就开始耍滑头了。

Tracy 又申请周末休息了，这已经是她近两个月来第三次申请周末调休了。本来，公司规定周末和节假日因为客流量较大，为了避免损失销售业绩，非特殊情况，所有员工都不得调休或请假，必须全员到岗。之前也从没有人违反过这个规定，包括店长小雅。

第一次调休，Tracy 说是自己外婆过八十大寿，家里所有人都得去给外婆过生日，就连定居南方的小姨都带着全家回来了，所以无论如何，Tracy 请小雅一定给她这个机会陪一下外婆，表一下孝心。当时 Tracy 说得泪眼汪汪，让孝顺的小雅很感动，只让 Tracy 下不为例，就大包大揽地答应了下来。那时正值国庆节期间，小雅帮 Tracy 挡住了公司总部巡店人员的盘问，让她回去给外婆庆祝生日。

> **诀窍一点通：**
> 规定一旦被破坏，就像泄了闸的洪水。门店管理者一定要谨慎处理导购的特殊请求。

第二次是在一个月前，又是周末，Tracy 说自己身体不舒服，要求当天调休。员工不舒服总不能逼着人家上班吧，小雅没有办法，只好又特批了。当天小雅还亲自打电话慰问 Tracy，看她身体怎么样了。第二天，Tracy 就活蹦乱跳地来上班了，弄得其他导购有很大意见，个个都说也要回去随便搞一张病假条，想怎么休息就怎么休息，害得小雅费了好大力气才平息了众怒。

这不，今天 Tracy 又故伎重施，找借口申请本周末休息。从其他导购的嘴里，小雅也探听到了一些消息。原来 Tracy 最近谈了个男朋友，两人正在热恋，对方是公务员，只有周末休息，所以她频繁申请周末调休。这次 Tracy 的理由同样充分：考驾照，笔试，考试时间不能自己决定，刚好排到了周末。

这让小雅犯了难，假如批准了，其他导购一定又有怨言，她难以服众。长此以往，店里肯定要乱套。

人都是有惰性的，当遇到一个好说话、脾气好的领导时，员工难免会钻空子，为自己谋求福利。其实，案例中的 Tracy 也不能说就是不好的导购。她的工作表现同样优秀，只是看到顶头上司好说话，所以乐得钻个空子，偷享一下清闲。

作为一个坠入爱河，古灵精怪的“90后”小姑娘，Tracy为了和热恋中的男朋友约会，撒谎请假，似乎可以理解。小雅作为店长，处处为导购着想，是一位很有人情味的领导。但是这两个看似都没有大错的人凑到一起，结果却不尽如人意。

Tracy已经是近两个月来第三次提出调休的请求了，可以想象的是，如果这次小雅依然批准，Tracy将来肯定还会再次申请周末和节假日休息，而其他导购早已对这件事情议论纷纷。长此以往，周末和节假日不能休息的规定肯定会不复存在，店铺的日常工作和销售业绩也会受到影响。因为店长既然能批准Tracy，为什么不能批准其他导购休息呢？每个人都有私事，其他导购也可以以各种借口申请特殊时间调休。到时候就不仅是小雅如何收场的问题了，公司恐怕也要出现干预，审查小雅的工作。

其实，小雅从一开始就处理错了。

Tracy之所以敢一而再、再而三地在节假日、周末申请休息，是因为在她第一次提出请假申请的时候，小雅轻易就批准了，甚至还帮Tracy顶住了来自公司总部的压力。面对如此轻易的成功，Tracy自然会窃喜，所以后来发生的事就不奇怪了。

对于Tracy第一次“外婆八十大寿”的请假理由，其实完全可以很合情合理地驳回。门店导购的上班时间都是半天，Tracy外婆庆祝生日，是晚上在酒店办的，那么小雅可以安排Tracy上早班，这样中午就可以下班了，完全赶得上晚上和一家人一起庆祝外婆八十大寿。即使是小姨千里迢迢从外地赶回来祝寿，肯定也不会只在家待一个晚上，Tracy也完全可以利用休息时间来陪伴亲戚。即便Tracy真的很坚持，必须在外婆过生日当天全天休息，店长也有最后一招：按公司的规章制度，以请假处理。

锦囊一：以平常心看待导购的惰性

在生活中，每个人都有惰性。所以，当导购想要偷懒时，店长不要恨铁不成钢。这是正常现象，关键在于店长如何应对，以什么态度去看待，用什么样的方法去处理。同样的一件事情，不同的店长处理，结果可能截然不同。

同时，规则制定之初也要尽量完善，发现不足之处要马上修改。而处理类似事件时，店长一定要态度温和，立场坚定，不需要情绪激动，但需要有明确的态度，充分的理由。当你严明的领导风格一旦形成，对方自然也就知难而退了。

锦囊二：了解特殊请求的真实性，确定导购的真实意图

只有了解到导购特殊请求的真实意图，才会不犯“主观错误”。

锦囊三：制过僵则无为，要兼顾原则性与灵活性

即使经过核实后确定 Tracy 所说的情况都是真实的，小雅在答复导购的特殊请求时，为了不出现后患，也不应该那么爽快就答应，而要让导购明白，这件事情非常重大，店长不能轻易决定，领导们也很重视，但不一定能批准，等等。总之，即使必须要答应，也一定要慎重考虑，并且在做了一番工作之后再表示同意。与此同时，也要将情况向其他员工一一说明，使这个特殊请求的影响面放大。这样做，一是可以让其他员工清楚事情的原委，不会产生误会；二是让想提出特殊请求的员工心中有数，谨慎请假。事情虽然棘手，但也不是没有好的解决方法，作为领导要会变通，妥善处理特殊请求。

欧阳寄语：制度一旦定下，不要轻易网开一面。

疑难与攻略 20：新制度颁发，导购不服怎么办？

最近公司发布了新消息：从下个月开始，总公司要对旗下的门店进行“神秘顾客考核”。这让一贯安于现状的导购们炸了锅，虽然表面风平浪静，大家都没说什么，但是背地里都嘀嘀咕咕，抱怨公司的这条新规。

导购们认为大家一直都是这样工作的，从来没有进行过神秘顾客的调研，现在公司这样做是什么意思？难道是对我们不信任吗？一时间，负面情绪在各个门店传播得很快，大家都垂头丧气，无心销售。

“好，上有政策，下有对策，既然公司不相信我们，要进行‘神秘顾客考核’，那我们规规矩矩就是了。反正上班时间接待顾客我礼数上过得去，一个顾客都不得罪就行了吧，至于下班后给顾客送衣、打电话联络感情什么的，我就不做了。”一位资深导购说。

店长小余万万没想到大家会有这么激烈的反应。当时公司提出这个新制度的时候，小余还是第一个站起来支持的，因为这样可以帮助店铺规避掉一些不好的服务行为。结果没想到导购们想到的都是另一面，并且有这么强的抵触心理，工作积极性也降低了很多。

小余看在眼里，急在心头。其他店铺也或多或少有着这样的负面情绪，甚至有的店铺还更严重。这下几名店长都急了，把情况反映到公司总部，请求协助处理。公司总部的李经理当天就到了这几家店铺，了解了一下导购的情况，晚上下班后，李经理召开了全体员工大会。

“今天，我代表公司来说明实施‘神秘顾客考核’的目的。之所以实施这个制度，是因为现在公司的店铺越来越多了，对于公司总部来说，管理店铺的难度越来越大，很难对终端员工的服务情况全盘了解。公司希望可以通过‘神秘顾客考核’发现一些优秀的、尽职尽责的销售能手，从而为下一步选拔优秀员工晋升、绩效考评制度的制定打基础，让每位优秀的员工都能够得到理所应当的奖励。同时，也对危害品牌、公司形象的一些行为进行规范，提升品牌的形象。

诀窍一点通：

既然是制度，肯定有约束员工的地方，员工有意见也在情理之中。管理者一定要公正公开，把问题及实施制度的目的摊开来讲，打消员工的顾虑。

“所以，大家不要紧张，也不要猜疑公司不信任大家，或者在挑刺。其实不是的，公司是想更好、更详细地掌握终端门店的表现，表扬好的，批评差的，发现一批优秀的人才。我希望大家能够以平常心去对待这件事。如果大家各方面都做得很好，有神秘顾客和没有神秘顾客又有什么区别呢?

“我们 ×× 市的店铺本来就是公司的骄傲，年年都在公司的各项比赛中拿奖，这一次我也希望在公司推出新制度以后，我们市能作为一个样板地区，率先支持公司。同时，展现出最好的服务迎接考验，再创佳绩！”

诀窍一点通：

任何工作谈话和会议的结尾，一定是适当的鼓励和期望。

在颁布一项新制度前，公司应该先征求员工的意见，收集民意，召开会议进行讨论，这其实是为了用员工的嘴把公司的决定表达出来；然后根据员工的意见对新制度进行整理、修改；最后在颁布制度的时候，公司应向全体员工说明此制度的积极作用和目的，鼓励大家接受。

但制度就是制度，是一种约束，不可能所有人都欢迎。

门店管理者与导购因为立场不同，对公司出台的新制度看法自然也就不同，导购们觉得新制度是管理者为了管他们而制定的，是为了公司的利益，不是为了导购的利益。而管理者制定制度的初衷多数是为了更好地掌握导购们的表现，甄选、任用优秀人才，更合理地经营店铺。

这时候，店长的表现就至关重要了，而案例中的店长小余在处理这件事情的时候，很明显没有做好传达、衔接的工作。

那遇到类似问题应该怎样操作呢?

例如，A 店 2 月的销售任务是 40 万元，到月底时导购们已经完成了 42 万元的业绩，也就是说，A 店已经超额完成了本月任务。紧接着公司对 A 店 3 月份的销售任务进行了调整，变成了 50 万元。如果 A 店的店长突然跟导购们公布这个消息，会不会有点为难呢?

如果是一名不够优秀的店长，可能自己先没了底气，在公布时垂头丧气地说："下个月的销售任务出来了，我们店是 50 万元。大家好好努力，争取完成。"那导购们听了店长的话之后是不是反应更激烈? 说不定会有员工马上激动地说："不会吧? 这个月辛辛苦苦，好不容易完成了 40 万元的任务，下个月任务就变成了 50 万元? 肯定完不成啊！老板也太抠门了吧！就怕我们多拿一分钱奖金。"接着，导购们肯定会怨声载道，怒气难平。最后大家的工作状态也一定不会好，门店业绩完成得如何，就可想而知了。

店长要和导购说明公司制定新制度的出发点和原因，带领导购们理解制度。

公司的任何一个决定都是经过深思熟虑的，不是领导一拍脑门、一拍大腿想出来的。假如换一位优秀的店长处理这件事情，他会这样做：首先，他可能会在接到任务时并不是一味地埋怨和质疑，而是先查一下店铺一年以来的销售数据。这名店长可能很快会发现，A 店去年 2 月的销售业绩 30 万元，但接下来的一个月因为是销售旺季，所以业绩突飞猛进，达到 40 万元。而今年店铺的销售业绩一直是在稳定增长中，今年 2 月完成了 40 万元，相比去年同期完成的 30 万元，业绩整整上升了 33.33%，那按照同样的上升比例，其实今年 3 月店铺应该完成 53.33 万元才算合理。此时再来看公司制定的 3 月的 50 万元的销售任务，就不会觉得遥不可及了。

这样店长在公布任务的时候是不是会更有底气呢？他可能会委婉地说：“这个月我们店铺超额完成了任务，非常棒，掌声鼓励一下优秀的自己。”众人齐鼓掌。“现在下个月的销售任务已经出来了，大家想不想知道是多少？”导购说想。店长停顿了一下，故意神秘地说：“我先不告诉大家下个月的任务是多少，有谁知道去年 3 月份我们做了多少业绩？”导购沉默了。店长接着说：“去年 2 月份的业绩是 30 万元，3 月份是 40 万元，而今年我们店铺的业绩增长比去年更快，2 月份就完成了 40 万元，和去年同期相比，整整增长了 33.33%。那么，我们先不管公司给我们制定的销售任务是多少，大家先自己定个目标吧！去年 3 月份业绩是 40 万元，大家觉得，按照 33.33% 的上升比例，今年 3 月份我们能做多少业绩呢？”结果可能立马会有人回答：“今年应该做到 53 万元！”也许还有人更有信心：“不对，我们一定要做 60 万元，争取超额完成任务！”这时，店长再公布：“告诉大家一个好消息，3 月份的销售任务已经出来了，我们店的目标只有 50 万元！大家有没有信心?！”……

锦囊一：树立榜样

团队需要榜样来带领，尤其是在导购们对公司制度出现异议或有不满的时候。必要时门店管理者可以逐个击破，先从某名导购或某个店铺着手，统一思想和观念，塑造一个模板和榜样出来，便于店长带领大家步调一致。

例如，A 店月任务公布之后，门店导购小林最有激情，本来门店月人均任务是 10 万元，可小林主动给自己的销售目标加到 12 万元。结果，第一周，小林就已经完成了 5 万元的业绩，任务完成比例遥遥领先。那么，店长就可以把小林树立为门店的榜样，让他来和大家分享高业绩完成的秘密，从而带动门店形成你争我赶的销售氛围。

锦囊二：平时的正面引导

虽说员工必须服从上司的工作安排，但在实际工作中，仍不免有很多不尽人意的地方。所以，作为管理者，平日的言传身教，积极灌输正面的思想，宣传公司的优势和发展趋势，使销售团队一直保持正能量就显得至关重要。这样，即便出现了问题，也可以很快解决。

锦囊三：店长要先自己解决问题，解决不了再反映给上级，同时给出解决方案供上级参考

在导购对公司制度不满意时，店长应该先和导购沟通，在自己能力范围内先解决导购的小情绪。实在解决不了，再向上级领导反映，同时一定要带着思考，带着解决方案去反映，给领导两个以上的解决方案供其参考。

欧阳寄语：制度是为了约束而制定的，不会受到所有员工的欢迎。

疑难与攻略 21：导购之间抢单怎么办?

近期有学员给我发来了这样一封求助信:

尊敬的欧阳老师:

您好!

我是一名门店店长，因为我们店铺一直采用的是以个人业绩算提成的方式，所以大家都比较重视自己的业绩。这就导致最近店里有两名导购因为一位顾客起了争执。这位顾客是店铺的老顾客，之前一直是从导购小章手里买东西，也一直是小章负责维护的。小章这个人工作虽然认真，但不怎么会说话，实际上并不怎么讨这位顾客的欢心，纵使她和顾客有微信联络，但顾客对她印象并不深。平时这位顾客都在外地，需要什么商品，我们就给她寄过去。即使真的来店铺，她也没跟小章提前联系过。过年期间，这位顾客又回来了，并亲自到店铺购物。结果，顾客来店那天小章正好不上班，是另一名导购廖姐接待的。廖姐推荐了很多商品给这位顾客，成功销售了一笔大单。

这件事过去两个月了，结果小章在前两天和顾客再次联系时得知顾客过年时已经在我们店铺购买了大量商品，但业绩并没有算给自己。后知后觉的小章很生气：“明明一直是我维护这位顾客，怎么到店里就变成了别人的顾客了？”而廖姐表示顾客来的时候并没有点名要小章服务，也没说是小章的老顾客，自己热心服务，推销出去大单是有功劳的，理所应当是自己的销售业绩。

我出于息事宁人的目的，决定将这位顾客上次购买的业绩让小章和廖姐两个人平分。结果二人均不满意，问题并没有解决。我该怎么办呢？

祝您

身体健康，万事如意！

××

××××年×月×日

对于此信，我的回复是：

我们无权要求顾客必须选择什么品牌购物、哪位导购服务，只能从感情上维护亲密度。换作我是顾客，如果小章一直纠结为什么不找她，而找别的销售人员为自己服务，我可能嫌麻烦直接“拉黑”她，以后再也不选择你们店了。而站在廖姐的角度想这个问题，顾客来的时候未点名小章服务，最终也是在廖姐的推荐下信任并选择、购买了店里的商品。是廖姐推荐有功，这次的销售业绩理所应该是廖姐的。

说白了，这件事只能怨小章自己维护顾客不力，没有真正俘获顾客的心，你分给她一半业绩已经不错了。好好和她沟通一下，一要表扬其维护顾客有功；二要善意提醒，毕竟还可以维护得更好，要让顾客非你不可。另外，需要提醒小章的是，要继续一如既往甚至更好地服务、维护这位顾客，不要和顾客纠缠这次的销售。此次以后，顾客也明白了业绩提成的问题，只要小章维护得力，即便出于不好意思的心理，这位顾客以后来店也会主动找她的。换作我处理的话，可能这笔销售算廖姐的，但顾客和日后维护仍算小章的。

作为店长，也作为协调者，你要让小章心甘情愿地换位思考：如果这是廖姐维护的顾客，被她销售成功一笔大单，又该如何？而且，一位顾客的购买力不仅仅是一次销售，未来的购买力仍然会很强。不要纠结于眼前，尤其不要跟顾客纠缠，那样可能会彻底失去这位顾客。到时就不只是两名导购业绩的损失，也会让店铺受到极大的损失。

分析

导购之间抢单是销售过程中很常见的现象。一方面，作为以销售提成定薪金的导购，谁都想让自己的单更多一些，销售业绩更高一些。这未必是一件坏事，毕竟有竞争才会有进步。但是，另一方面，如果门店管理者对这种现象处理不好，反而会影响顾客的成交意愿，造成导购流失，店铺业绩受损。想要有效解决这个问题，关键在于店长如何协调。

如果我是这位店长，我会及时与两位当事导购分别沟通，摆事实，讲道理：“导购在工作时，必然会和同事处于竞争关系，这无可厚非，但大家同属一个销售团队，首先，应该想到的是怎么和同事做好配合，把单子拿到；其次，在和同事配合的过程中要做个有心人，把同事好的方法学过来，提高自己的销售能力；最后，要反思自己。为什么顾客更愿意和同事交流？是因为同事更热情，还是说话更有吸引力？要明白，如果一位顾客认可你，点名要你服务，同事是抢不走的。

“门店销售中最理想的状态是老顾客来了，只认一个导购消费，这才能说明你的工作做到位了。如果没有做到这一点，要考虑是否你和顾客的感情沟通没有做到位？如果是这样，就不要再说‘这是我的老顾客，理应是我的提成’之类的话。

"今天你维护顾客不到位，被别人接了，明天可能你也会接到别人维护不周的顾客。所以，怨不得别人，只能怨自己。"

锦囊一：及时把控局面

当导购出现纠纷的时候，应采取以下措施：

- 立刻采取行动，防止矛盾激化，分别沟通，平静后再进行三方沟通；
- 在店里大打出手的导购，当即做纪律性处理；
- 分析导购类型，了解出现矛盾的原因；
- 多利用集体活动，培养导购间的感情。

锦囊二：确立规则

帮导购卸掉思想包袱之后，店长就可以针对导购接待顾客的细节进行详细规定。例如，规定导购们按顺序接待顾客，倘若有某个人的老顾客到店，可以打破这规矩，个人优先接待。借此鼓励导购培养自己的老顾客，维护好客情关系。

同时，制定出业绩判定的章程，并由全体销售人员共同讨论、修改、认可后签字执行。如果后期出现特殊情况，应在会议上按规章中较接近的一条或几条相应条款处理，并由当事导购认可再执行。

锦囊三：制度配合

例如，在导购的季度绩效考评中，个人提成占奖金的一部分，店铺整体提成也占一部分。每个人的提成不是只看自己的绩效，还要依照整个店铺的销售情况来定，从而全方位地考核导购，也督促导购们以大局为重。

锦囊四：执行到位

所有制度的价值最终都体现在执行上。对于撞单的情况，按照制度进行判别，如果有恶意行为，则要严格惩处，确立制度的威信。

欧阳寄语：导购抢单是常事，关键还要看店长！

疑难与攻略 22：如何与导购正面沟通?

“丹丹，快点帮顾客倒杯水，怎么动作这么慢啊?！”

“小温，我跟你说过多少次了，李姐不喜欢黑色，为什么你还总是给李姐推荐黑色的商品？你耳朵长哪里去啦?！”

“娜娜，收银动作太慢了！没看到顾客都等得不耐烦了吗？平时慢悠悠也就算了，今天星期天，顾客这么多，动作还不快点！”

“李如芸，我严重警告你，如果你再把店里橱窗射灯给开错，这个月店铺电费由你出！”

……

此类的场景在很多门店都出现过。表面上看，这位店长威风八面，指点乾坤。可是，这样的沟通方式，导购即使表面照做，不说什么，心里也必然不舒服。

在终端门店里，顾客重要，导购也重要。导购不满意，怎么会有满意的服务？没有满意的服务，又哪里有满意的业绩呢？所以，导购对顾客的服务是外部服务，而公司对导购的管理，是一种内部服务。让导购们主动、开心地去做事，其结果要比被动支配好很多。

再优秀的人也无法独自经营一家店，好的业绩要靠团队成员的共同打拼。因此，店长要注意调动导购的工作积极性，多多鼓励，多多肯定他们的优秀表现。例如当着顾客的面赞美导购，导购会充满自信，做事更加尽心；将导购主动介绍给顾客，帮助导购做销售，导购自然也会对店长充满感激。而导购一旦获得了顾客的认可，自身更加自信的同时，店长也能空出更多的时间做其他工作。所以，将命令式的管理风格调整为辅导员风格，在沟通中对导购加以指导、赞美、鼓励，这样既可以调动导购的积极性，又可以使导购更加认同店长，愉快地接受任务。

作为店长，和导购在沟通时一定要注意：公开表扬，私下批评。

案例中的店长认为自己是店长，就可以通过命令的方式安排导购做事，导购也理应积极地回应。但是，这位店长忽视了一点，导购是会有情绪的。心情不好时，再正确的事也不会积极去做。

沟通的过程，是有套路、有技巧的。例如下一个案例，其中藏着面对导购抢单问题时，店长的正面沟通技巧。

店长 Sunny 今天上午去公司开会，到店铺时间较晚。谁知刚到店，Sunny 就看到了令她不愉快的一幕。

当班的王婷婷和周倩倩竟然在店铺里因为抢单起了争执，闹得不可开交。其他门店的导购也纷纷围了过来看热闹。引发抢单的顾客看到这种情形，已悄悄离去。Sunny 不禁火冒三丈，第一时间厉声喝止了二人，然后把当事人王婷婷先叫到仓库，了解情况。

在店铺内因为抢单闹成这样，性质实在恶劣，不光损失了销售机会，而且严重影响了店铺和品牌的形象。公司对于内部员工抢单的问题，之前早有明文规定：除了口头批评之外，还要罚每人200元，以示警诫。

按照Sunny以前的脾气，她肯定会把王婷婷臭骂一顿。但今天，她深知如果按照以前的做法处理这件事，只会火上浇油，事情会越闹越糟，她必须尝试更好的处理方式。

想到这里，Sunny深吸了一口气，平复了一下自己的情绪，努力把心头的怒火压了下去，平静地看着王婷婷，和颜悦色地说："是这样的，婷婷，我刚到店铺，不太了解今天的情况。我也知道你一直以来表现都非常不错，是一位很踏实低调的员工。所以，我相信你今天一定事出有因。能给我说说具体情况吗？"

这时王婷婷的情绪还很激动，并没有平复下来，一看Sunny让她说明情况，马上站起身来，气冲冲地说："Sunny姐，今天早上店铺一开门就来了好几位顾客，他们几个都去接待顾客了。我就想，都去接待就没人做卫生了，算了，那就我来做卫生吧。然后，我就一个人擦啊，扫啊，终于把店铺的卫生全做完了，尤其是那沙发底下的死角，一直都是黑乎乎的，我今天特意把它清理了。等我做完卫生，他们也刚好接待完顾客了。个个都开单了，就我一个人还没开单。这时，刚好来了一位顾客，我就赶紧过去打招呼，结果那个周倩倩过来了，吹胡子瞪眼地说：'这是我的老顾客，你干吗呀？'我当时就觉得你的老顾客怎么了？我还没开单呢。所以就懒得理她，继续接待顾客。结果周倩倩更大声地冲我叫：'没听见啊，公司有规定，谁的老顾客谁接待！'我就想，当着顾客的面，你用得着这么大声吗？我说：'叫什么叫啊你！'她大概听着不爽，所以一来二去，我们两个人就吵了起来。"

Sunny一听，恍然大悟。她沉思了一下说："哦，原来是这样。怪不得我今天一来就发现沙发下面的死角被打扫得很干净。我本来还在想是谁打扫的呢，原来是你啊，不错不错！这点确实值得表扬。不过，虽然你卫生打扫得很好，但是和周倩倩在店铺里起冲突这件事造成了很不好的后果，其中最直接的反应就是业绩。今天早上你们一开店就做了一笔大单，卖了多少你知道吗？”

诀窍一点通：

即使是批评，对于导购之前的优秀表现，同样要认同。

“两万八。”王婷婷眉毛一挑，不屑地说。

Sunny 说：“那你知道现在业绩是多少吗？还是两万八，一点也没增加。而且刚才那位顾客因为你们两个人抢单也走了，其他顾客和隔壁店铺的人都来看热闹，你知道这对咱们的品牌形象影响多不好吗？”

王婷婷听到这里，低下了头。

Sunny 继续说：“这样的局面，大家肯定都不愿意看到。你说呢，婷婷？你回想一下，自己当时是不是也有些冲动？如果下次再遇到这样的事情，你觉得怎样做会更好一些？”

“那大不了我不跟她抢呗，她要顾客我就给她呗。或者我告诉她‘你们都开单了我还没开单’，再不行我就等店长来了再处理。”王婷婷低着头，没精打采地说。

“嗯，非常棒。我就知道婷婷一直是模范导购，严于律己，顾全大局，今天只是一时冲动，一定能想明白这件事情。不过事情既然已经发生了，肯定也要解决，避免下次店铺再出现这样的情况。如果你是 Sunny 姐，这件事情你会怎么处理？”Sunny 一看王婷婷的态度软化了，赶紧趁热打铁。

王婷婷看着别处，淡淡地说：“那就按公司规定，该怎么处理就怎么处理呗，大不了罚钱呗。但是 Sunny 姐，光罚我一个人是不够的，我跟你说，今天都怪那个周倩倩……”一说起周倩倩，王婷婷的火气又上来了。

“嗯，好，你放心，这件事情我会公平处理的。待会儿我也会和周倩倩进行沟通，该她承担的责任她也要承担，你尽管放心。不过是这样的，婷婷，罚款不是目的，它只是一种手段，是希望让大家吸取教训，避免再犯错。你工作一直踏实认真，我希望你这次也能够做个榜样给大家看。今天中午的例会，我希望你能主动站出来，跟大家把这件事情的前因后果说清楚，顺便表一下态，体现出老导购的风范，相信大家一定会对你刮目相看的。你说好不好？”Sunny 耐心地引导着。

“那好吧，您都说到这个分儿上了，我到时候就主动表个态呗。”王婷婷想了想说。

“好，非常棒。来，调整一下状态，准备接待下一位顾客。我会告诉外面的伙伴，下一位顾客，一定让你接，因为你还没开单。婷婷加油！”Sunny 站了起来，和王婷婷击掌鼓励。王婷婷终于收起了坏情绪，平静地走了出去。

案例中的情况在我们的实际工作中也经常出现。确实，终端门店销售过程中会有各种预料不到的事情发生，每天店铺都会有很多新的问题等待门店管理者解决，有时甚至是门店管理者处理事情的能力直接决定着导购的去留。

我曾为一个著名的女装品牌做培训，培训涉及上下级沟通的问题。课后他们的老总找到我，说非常有感触。他们公司之前因为一件导购抢单的事情没有处理好，结果导购当时就把工作服一脱，说：“我不干了。”因为公司对导购的抢单处罚是 500 元，而当时处理此事件的主管在处理问题时并没有考虑到导购的情绪，所用的沟通技巧不够，导致当事导购的情绪极其恶劣，当场走人，后来连工资也不来结，也不到公司退工作服，摆明了要和公司彻底决裂。

其实，员工犯了错误，他当真不知道自己有错吗？当真是承受不了处罚的后果吗？答案是“不”。公司的制度在那里摆着，员工都是成年人，很多时候他们并不是认为自己没错，而是没勇气或没有恰当的时间、地点承认自己的错误。说白了，面子是其中重要的原因。而一位善于沟通的管理者在和员工沟通的时候，不仅会处理问题，还会很好地疏导员工的情绪，让坏情绪找到一个出口，然后适当引导，使员工自我反思，最终让员工自己主动承担事情的后果。

锦囊一：正面沟通有原则

公开表扬，私下批评。

表扬可以激发导购的荣誉感和工作积极性，而公开场合的表扬更能加强这样的效果。尤其是当着顾客或同事的面，表扬某位导购，往往效果事半功倍。

当导购违反了公司的规章制度，管理者一定要私下单独沟通。切忌在事情处理之初，让违反制度的当事人双方一起沟通，那只会让事情更加无法控制。只有与当事人双方都已单独沟通完毕，双方均已认识到自己的错误，握手言和时，才可以让当事人双方一起沟通。

锦囊二：正面沟通有技巧

问感受

沟通、沟通，必须到双方思想通了，才能算沟通。而沟通的时候，导购说得多，远比管理者说得多要好。所以，管理者一定要先问导购的感受，而不是自己一味自说自话、滔滔不绝，那样只会招致更多的反感和抵触。

谈想法

问完导购的感受之后，要给他们发泄的机会，让他们说出自己的想法。记住，如果这些负面的情绪没有在此时向你发泄，那么早晚会向顾客发泄。所以，一定要给导购发泄情绪的出口，让他表达出自己的不满。

夸优点

导购说完想法之后，就该管理者点评了。点评的时候有一个原则，不管导购有多大的错误，管理者一定要先肯定，再提改进。这样，导购才容易接受，才会觉得自己虽然犯了错误，但好歹之前的功劳领导是知道的，自己还有机会，不会破罐子破摔。

提改进

对导购的表现进行肯定之后，再委婉地提出问题的改进和解决方法，真正帮导购把问题彻底解决。

定目标

所有沟通的目的都是让问题得到解决，所以，一定要再激励导购自己给自己下一个保证书、“军令状”，自己给自己制定下一个目标。这样就可以避免类似的问题在同一名导购身上再次发生，同时也方便对导购后期工作的跟进。

再激励

记住，所有的沟通都是要让导购化解掉负面情绪，充满正能量地走出去，因为导购出去之后面对的是顾客。顾客不会管导购是否刚刚受过批评，也不知道他有天大的委屈，在顾客眼里，每次看到导购都是第一次。所以，一定要让导购带着正能量面对接下来的工作。

锦囊三：正面沟通经常有

一般来说，沟通的频率是：门店店长应该和导购每人每月一次沟通；销售主管与导购每季度一次沟通，两次沟通的时间间隔最多不超过半年（极限）。

什么样的正面沟通才是有效的沟通？首先做好准备，不是到店铺就拉着导购：“来，咱俩沟通沟通。”要先多方面了解该导购的近况，可以从公到私，从易到难。这样才能有谈资，了解实际，关注到细节。

锦囊四：沟通需要仪式感

通常我在课堂中讲到“挽留导购”的话题时，往往会和大家探讨：为什么现在零售业的人才流失这么严重？一方面，如今的导购群体年纪轻，条件比之前优越，选择面广，自然就难以定性；另一方面，也许是你没有给他足够的仪式感，让他有深刻的印象，感觉到此处或此刻的与众不同。

比如在新导购到店试工的第一天，店铺为什么要开一个“欢迎会”？目的在于让初来乍到的新导购感受到归属感，感觉到自己属于这个团队，让他意识到自己的存在是有价值、被尊重的。

比如在布置月度任务、制定目标时，为什么要有仪式和承诺？为什么要有口号和激励？为的是在导购心中留下深深的烙印，为的是强大的心理暗示的力量——我能行，我可以，我一定会做到！

比如为什么在每日开始、结束，每周开始、结束，每月开始、结束时，一定要有例会？同样，仪式感！仪式感能让导购真正重视工作的内容，履行工作职责。去芜存菁，与时俱进。

比如门店管理者在和导购正式沟通时，为什么不在卖场里随便说两句，而一定要在固定封闭的场所，有固定的开头和结束模式？同样，仪式感让双方的沟通更有价值、更有高度。

比如在晋升导购或者分配导购任务时，为什么一定要有明确的头衔？同样，还是仪式感！这其中的力量，超乎你的想象。

比如为什么要给予销售冠军荣耀？这荣耀可不仅仅是金钱的回报，仪式感也非常重要，甚至可以让当事人热泪盈眶，让旁观者热血沸腾。如此，销售成就才更加凸显。

曾经我在为一家企业做内训服务的时候，在他们公司总部看到了一个个精心装裱起来的金手印。一问方知，这是他们为入司十周年以上的老员工特别制作的。记得当时在现场看到这些金手印时，作为局外人的我也感触良多，这些金手印，何尝不是一种仪式？对于员工而言，这些金手印的意义，比起好莱坞星光大道的金手印也毫不逊色。

而我在为另一家企业做培训时，培训前由企业内部培训经理开场，首先全体起立唱国歌，现场肃穆，这何尝不是一种仪式？宣告着这是一次严肃而正式的培训活动，需要大家端正态度和调动所有能量。

仪式感可以让一件单调、普通的事情变得有意义和与众不同，可以唤醒我们内心的尊重。仪式感相当于一个按钮，当你这样做的时候，大脑会告诉你，即将进入另一种状态了。用好仪式感，让你的工作更高效、更有意义。

欧阳寄语：沟通需要“仪式感”。

疑难与攻略 23：到底哪种算提成的方式好？

三年前王老板加盟了一家著名女装品牌，效益非常不错，于是他趁热打铁，又陆续开了三家分店。现在王老板共有四家店，几家店的效益都比较稳定。

王老板是做业务员出身的，因此，他对店铺的业绩很上心，对导购管理也颇有心得。店铺里的氛围非常好，当然，这也缘于王老板一直采用的是“以集体业绩算提成”的方式，店铺里的导购们为了同一个销售目标奋斗，自然不会为了个人利益钩心斗角。

但是店铺发展到今天，老导购很多，大家相处得过于融洽。王老板觉得团队里和谐有余，竞争不足，导购们的压力不大，上进心也慢慢被消磨了，店里的销售业绩稳定有余，却没有突破。

> **诀窍一点通：**
>
> 单纯采用“以集体业绩算提成”这种方式，容易使导购失去危机感，可以与评比、考核等相结合使用。

王老板决定在新的一年给店铺来一次大改革。于是，刚过完春节，王老板就采用了新的提成计算方式——“以个人业绩算提成”。每名导购每天的销售额都记录在案，月底根据每人的销售额决定提成，业绩直接跟工资挂钩。

王老板原本以为这样该调动起大家的销售积极性了，结果新的问题又来了。突然从“以集体业绩算提成”变成“以个人业绩算提成”，让导购的压力陡增，导购们有些无所适从，怨言很多。

“不会吧，现在竟然这么严格。这样压力好大哦，而且肯定不利于大家团结，公司怎么这样啊?！”快人快语的李虹首先开口发起了牢骚。

其他人也附和说:“以前集体提成多好，大家多团结，现在改为‘以个人业绩算提成’，大家抢来抢去的，有什么好的?公司还不是为了让我们少拿点钱！”

紧接着，销售过程中也出现了抢单现象。

之前不怎么为导购管理操心的王老板也开始为处理导购之间的矛盾犯起了愁。于是他找来了两名自己颇为信任的店长谈话。

两名店长告诉他:“大家的心里没底。公司实行了这么多年‘以集体业绩算提成’，店铺一直都比较稳定。现在突然实行‘以个人业绩算提成’，导购们都在暗暗嘀咕:会不会是公司要有什么变动?会不会是老板打算在金融危机时压缩店面，减少人员，末位淘汰?所以要用‘以个人业绩算提成’的方式看一下每个人的销售能力。因为有了不安全感，导购们开始暗暗较起了劲儿，一定不能让自己的业绩落后，所以就出现了抢单的现象。”王老板开始疑惑自己当初的改革决定是不是太仓促了。

店长张岩所在的门店刚开业半年，销售业绩一直不太稳定。为了巩固军心，店铺采用的是“以集体业绩算提成”的方式，导购的提成是按店铺总业绩

的 4 个点算的，5 名导购平分，因此店铺里的 5 名导购很团结。

眼看就要进入 9 月份的销售旺季了，门店的销售业绩也慢慢趋向稳定。为了更好地调动大家的工作积极性，同时也为了更好地服务顾客，提高业绩，公司又给门店增派了一名新导购，现在是 6 名导购平分店铺的总业绩，还是按 4 个点来算。

现在导购越来越现实，对于公司的制度改革非常敏感，要求也高。只要一有关于导购提成改革的通知出现，店铺就沸沸扬扬，人心惶惶。这是很正常的现象，毕竟提成制度关系着大家的实际利益。

果不其然，店长张岩刚把公司的决定在店铺例会上公布，导购们就炸开了锅，他们表示自己不能接受，认为多了一个人分走了他们应得的提成份额。张岩见状，赶紧正色道："这是公司规定，大家一定要配合执行，绝对服从。"导购们嘴上不说，却一个个面露不悦之色。

其实，对于案例一中的情况，王老板有必要召开全体员工大会，向导购们说清楚采用"以个人业绩算提成"的方式只是想激发导购们的良性竞争，更好地提高公司整体销售业绩，就像鲶鱼效应一样，并不是为了裁员或减免费用，让导购们安心工作。同时要鼓励导购在接单时，其他同事也要协助成交，从而增加成交的机会。

案例二的情况，店长张岩则应该与导购进行更有效的沟通。

一是帮导购算账。

4 个点的提成率相比同行业其他公司导购的提成率已经不算少了。收入和付出是成正比的，之前 5 个人，现在 6 个人，人手增加了，按说销售额也会同步增长，所以即使多一个人来分提成，如果总销售额增长的话，其实每个导购的收入并没有降低。而现在又是 8 月，还属于淡季，业绩不佳、提成不高是正常现象。只要下半年销售旺季的服务做得好，店铺总业绩一定会有整体提升，到时候这些就不是问题了。

导购主要是站在自己的立场上看问题，只看眼前这个月，而没有关注到以后，因此，门店管理者要多正向引导他们去看公司的前景。

二是制度变通。

如果导购还是不接受，门店管理者可以说明：以前是“以集体业绩算提成”，按店铺总业绩的 4 个点给大家分；如果大家对公司的决定还是不能接受，也可以实行“以个人业绩算提成”的方式，比例不变，能者多得。

如果他们还坚持认为多一个人分走了他们的提成，只有保持原来的人数才可以正常工作的话，那就实行末位淘汰制，看他们愿意选择什么。

其实，“以集体业绩算提成”和“以个人业绩算提成”，各有利弊。

“以集体业绩算提成”更有利于培养导购团队协作的意识，凝聚导购之间的感情，但同时也容易让导购产生惰性，互相推诿，不思进取，造成店铺导购水平良莠不齐的现象。

“以个人业绩算提成”会激发出导购的销售潜能，但也容易出现导购不和，心有怨气等情况。

有些公司为了平衡两者利弊，采用“以集体业绩算提成”和“以个人业绩算提成”相结合的方式。例如，导购的个人业绩提成为 1%，占奖金的一半左右，而店铺总业绩提成也按一定比例，占每名导购工资奖金的另一半。还有的店铺采用两个班分别拿各班销售业绩总提成的方式。

锦囊一：导购提成方式跟店铺发展阶段有关

相对来说，“以集体业绩算提成”更适合新店或者处于改革时期的店铺。店铺各方面还不稳定的时候，为了团结大家，齐心协力，不分彼此，让导购们为了店铺的总销售业绩共同努力。而“以个人业绩算提成”更适合店铺规模已成熟或稳定发展期，导购们需要通过竞争的方式实现更高的销售目标。

锦囊二：提成方式跟导购团队整体素质有关

“以集体业绩算提成”就一定会导致店铺的导购不思进取吗？答案是不一定。我们常常看到一些店铺采用的是“以集体业绩算提成”，但导购们照样干劲儿十足，为了店铺的销售业绩拼死拼活。如果导购们能排除私心，提高觉悟，把团队利益置于个人利益之上，“以集体业绩算提成”反而可以促成店铺销售团队的良性发展。所以，提成方式跟导购团队的整体素质有关。

锦囊三：导购提成方式跟公司文化有关

例如有些公司为了给导购创造“家园文化”，让大家有归属感，会在决定薪酬方式时更多考虑利于导购团结的方式。哪怕是采用“以个人业绩算提成”，也会用一些其他方式来巩固导购的团结意识。比如设置“平均客单价奖”，又如店铺总业绩完成目标后，可以有“团队超额奖”，等等。

锦囊四：导购提成方式跟销售商品所需要的人力有关

如果一件商品的销售由始至终可以由一个人独立完成，那么该公司采用“以个人业绩算提成”的方式比较合适。反之，如果一件商品的销售从前期到交易成功，各个环节都需要多人配合，每个人只负责其中一部分，那采用“以集体业绩算提成”的方式更合适。

锦囊五：善用奖金，多种渠道和方式结合

不要局限于用金钱奖励优秀导购，也可以根据导购的需要，给予他们其他的物质奖励，例如送一些导购喜欢的小礼物也会起到很好的效果。

同时，提成方式也可以变通，促使大家努力做销售。

例如，采用“以集体业绩算提成”，但店铺的销售业绩可以分为几个阶梯来计算，不同阶梯采取不同的提成方式。

可以按销售总额来算。

例如 A 店，店铺 4 人，本月销售目标为 30 万元，保底任务 20 万元。如未完成保底，则没有提成，大家都只有基本工资，如果完成了保底任务20万元，营业额在20万～30万元之间，则每人提成为店铺总业绩的5‰；如果店铺业绩达成30万元以上，则每人提成为30万元以上销售额的1%。

也可以按任务完成的百分比来计算。

例如B店，员工6人，本月销售目标为60万元。如果销售目标完成低于70%，则大家都无提成；如果销售目标完成了70%～80%，则每人按总业绩的1‰拿提成；如果销售目标完成了80%～90%，则每人按总业绩的2‰拿提成；如果销售目标完成了90%～100%，则每人按总业绩的3‰拿提成；如果销售目标完成了100%～110%，则每人按总业绩的4‰拿提成；如果销售目标完成了110%～120%，则每人按总业绩的5‰提成；如果目标完成了120%以上，则每人按总业绩的6‰拿提成。

欧阳寄语：万事没有定论，适合现阶段发展需求的就是最好。

疑难与攻略 24：如何培养导购的团队协作意识?

现在的导购大部分是“90 后”“95 后”。这样年轻的销售团队中，免不了会出现各自为政、缺乏协作的现象。这不，店长阿凤就遇到了这样的问题。

阿凤是位资历比较深的导购，工作表现一直比较出色，在之前的店铺里一直做店助。开发区店开业以后，公司就把阿凤调过去并提拔为店长。阿凤非常感激公司的认可，工作尽心尽力。

但没过多久，店铺的问题就显现出来了。因为开发区店是新店，员工大部分都是新导购，年龄也比较小，几乎都是 1995 年、1996 年出生的年轻女孩子，个个都是独生子女，家庭条件也不差，有一种天生的优越感。虽说他们对工作还比较认真，但免不了有些任性，时不时耍点小脾气。如果只是私下这样也就罢了，关键是在工作时，往往各做各的，表现得缺乏协作意识，很多销售机会因此流失。阿凤看在眼里，急在心头。

阿凤和店里的老导购花花沟通了一下。花花是店铺里人缘最好的导购，入职时间也比较长，心态较平和，对阿凤的工作也很支持。花花说：“大家现在不合作主要是因为不够了解彼此，如果私下能有多一些交流的机会，互相熟悉了之后，知道每个人的脾气秉性了，可能就会好很多。”阿凤听了之后，觉得很有道理。

诀窍一点通：

矛盾的防范很重要。作为管理者，要及时观察员工动态，尽量把问题扼杀在摇篮里。

在店铺每月例会上，阿凤详细地给导购们总结了店铺开业以来的工作成果，并肯定了导购们付出的努力和取得的好成绩。然后，阿凤话锋一转，说：“我想问一下，店铺开业到现在，大家在工作上有没有什么问题需要帮助的？”导购燕子马上接上了话：“有啊，感觉推销商品时比较吃力，有时候跟顾客说了很久，但顾客就是不买。不过，说来也奇怪，那天你说了一句‘这件衣服非常适合您’，顾客马上就开单了，可这句话我不知跟顾客说了多少遍了，难不成顾客看我没你长得好看？我觉得自己起码比你年轻可爱啊。”说着，燕子还俏皮地扮了个鬼脸，惹得大家都笑了起来。阿凤也忍不住笑了笑，说：“其实不是我个人的原因，我相信换一个其他的导购多说一句话，顾客可能也会买的，因为你已经服务了那么久，顾客已经听觉疲劳了。这时如果有另一个人加把油，往往顾客就会决定买还是不买。没办法，顾客的心理就是这样微妙。说到这里，我有一个想法！”

诀窍一点通：

鼓励员工与你主动沟通，借他们之口说你想说的话，做你想做的事情。

阿凤清了清嗓子，看见大家都好奇地把脖子伸过来，她心中窃喜，接着说：“现在我们店铺存在着一个很大的问题，因为是新店，而大家又都是新手，互相之间不了解，配合得不太好，这不仅对销售业绩有影响，对平常的工作也很不利，所以我觉得大家一定要团结起来，这个月我计划在店铺推出‘销售帮帮团'的活动。

"我们店铺总共 14 个人，除去我和收银员小芳以外，早晚两个班，每个班上班的是 6 个人。这 6 个人，要两两结成一对，称为'销售帮帮对'，在销售过程中互相配合，完成销售。另外，每个班为一个大的'销售帮帮团'，'帮帮团'中的每一对既是独立的个体，又是'帮帮团'的成员，成员之间要通力合作，互相协助。到月底的时候，'帮帮团'之间要进行比赛，看哪个团队的成绩更优秀。团队成员自由组合。"

"好耶！"阿凤刚刚说完，性格开朗的燕子就欢呼起来。花花也深表赞同，其他的导购也都连声说"好"，对阿凤推出的这个新活动很感兴趣。"这就是'90 后'的女孩子们，要给她们点新鲜感，调动她们的竞争心理，效果会出人意料。"阿凤心里想着，暗暗高兴。于是她紧接着说："我们店铺刚刚开业，这段时间大家都很辛苦，平常也都是各上各的班，难得放松。我提议，今天晚上店铺所有人一起去涮火锅，放松一下。AA 制，我出双份。""那我要多点些海鲜。"年龄最小，身材最丰满的"肥肥"马上接上了话。大家都被她逗乐了。

晚上的火锅吃得很愉快，导购之间的距离忽然间拉近了很多。后来又有人提议，以后每个月都集体活动一次，联络感情。

就这样，在阿凤的带领下，店铺的导购逐渐消除了隔阂。谁说"90 后""95 后"的员工不好管？其实他们和"80 后""70 后"是一样的，都需要一个彼此了解的过程。

一方面，很多导购的年纪很轻，性格也和小孩一样让门店管理者捉摸不透，再加上门店导购以女性居多，往往比较容易情绪化，喜恶外露；但其实另

一方面，这也是至纯至性的表现。总比闷在心里，彼此冷战好。

曾经我手下有两位导购，之前关系很好，在上一家公司时就是莫逆之交，一人换工作后，另外一个人也来到了我们公司，最后两个人还被分到了同一家门店。但是，就在去了门店不到半年的时间，不知道因为什么事情，两个人反目成仇，彼此冷言冷语。又过了一个月，两人又和好如初了。真是让人捉摸不透。

导购是店铺业绩的重要因素，同时也是最变幻莫测、难以把控的一个因素。案例中的店长阿凤也因为导购太有个性，协作不好而焦头烂额。好在她找到了老导购花花，让其帮她出谋划策，共同培养新导购的协作意识。从这里我们也能看出，想要培养导购的团队协作意识，老导购的态度和行为至关重要。

一个人不可能与世隔绝过一辈子，必然要和社会接触，要生活在人与人的交往中。在生活、工作的过程中，不可能所有的人都像父母那样，对你宠爱、迁就，你不可避免地会与别人发生摩擦、产生矛盾，尤其是在独生子女组成的团队里，同事之间发生矛盾是在所难免的。因此，切不可稍有不愉快就委屈得不得了，也不要因噎废食，不再和同事接触，把自己封闭起来。同事间发生矛盾，往往是因为工作中一些鸡毛蒜皮的小事，有时就是一句话、一个眼神。其实这都很正常，牙齿和舌头还会打架呢。

一位优秀的导购一定要明白，店铺绝不是一个人单打独斗逞英雄的地方，它需要同事之间积极、默契的配合。当然，要想获得同事的帮助，必须先主动给予同事帮助。每个人都想获得高业绩，这并没有错，但是要时刻记住，店铺是一个销售团队，往往一荣俱荣，一损俱损，“只有大家好，才是真的好”。而这些道理，是需要门店管理者在恰当的时候灌输给导购的。

锦囊一：让老导购率先配合店长的工作

在一个销售团队中，老导购对新导购的影响非常大。因此，当店铺导购不团结时，门店管理者可以让资深导购参与到新人的辅导工作中，起表率作用。

同时，在新老导购出现问题时，让老导购自己主动解决问题。就像在一个大家庭中，如果姊妹之间有了矛盾，吵架或者打架了，一定是老大或年长的那一个承担的责任更多一些。

锦囊二：组织集体活动，私下给予导购关心和帮助

当导购之间的关系冷漠或剑拔弩张时，门店管理者一定要及时调整、沟通并纠正，可以不定期地组织店铺导购集体活动，例如 AA 制吃火锅，唱 KTV，从而培养导购之间的感情。

锦囊三：引导导购自发制造紧张的销售氛围

结成“销售帮帮对”，每两个人组成一个小组，每个班是一个大组，组与组之间比赛，看谁的成绩更好。

欧阳寄语：大家好，才是真的好。

疑难与攻略 25：导购搞“小团体主义”怎么办?

通过组织“销售帮帮团”的活动，阿凤店铺里导购的关系比以前好多了，“销售帮帮对”的伙伴更是亲密无间。但好景不长，不久阿凤又开始发愁了。

都说女孩子喜欢感情用事，果然不假。这不，“销售帮帮团”的活动实施以后，同属一个“帮帮团”的导购关系确实亲密了许多，但店铺里也形成了这样的局面：两个“销售帮帮团”针锋相对，竞争过了头。而“销售帮帮对”中，也开始出现了不好的苗头，不同的“帮帮对”也开始为了一些小事争执，典型的“小团体主义”。

针对这种情况，店长阿凤及时做出了调整。她首先表扬了大家在上个月“销售帮帮团”活动中的表现，然后说明为了让好的经验得到有效的传播，同时让团队当中的成员都能够熟悉彼此，从下个月开始，“销售帮帮团”的成员进行互换，每个“销售帮帮对”也要重新组合，建立新的合作关系。

在平时的工作中，阿凤尽量一碗水端平，言传身教，不偏袒任何一个“帮帮对”，即使出了问题也对事不对人，使大家无话可说，同时引导导购们在日常生活中互相帮助，不要局限于小团体，要着眼于店铺的整体利益。

经过阿凤的几次调整之后，店铺的导购之间都很熟悉了，彼此的感情更亲密了，“小团体主义”的现象不知不觉就消失了。

为什么会出现“小团体主义”呢？这是人的性格使然。物以类聚，人以群分。任何一个团队中，都会有几个人因为性格爱好相投而比跟其他人走得近些，或者有些人被排挤在外，这都是很正常的。

有时为了培养导购的竞争意识，门店管理者经常让导购组成两个或三个小组，进行竞争和排名对比，因此时间长了，就自然会导致同一个班次的导购自发组成一个小团体，与另一个班次对立。这其中不只有个性和性格的原因，更有利益上的冲突，这也是零售门店导购之间相处的特点。

越是规模大的公司，“小团体主义”的现象越严重，如今它已成为“办公室文化”的重要组成部分。某项权威研究表明，现在很多大公司都依靠这种小团体之争来维持运转，因为当权的团体为了保住地位，总是要努力工作的，而其他的团体要获得利益，也要据理力争，以寻找机会。总的来说，“小团体主义”对于公司的成长既有积极的一面也有消极的一面。作为公司的经营者，对于小团体的问题，处理好了，不仅可以使小团体的副作用减少到零，甚至还可以产生积极的作用。

锦囊一：安排不同小团体的成员进行工作互助，培养感情

为了避免小团体的形成，最好的办法就是不要让门店的某个班次的人长时间组合在一起，要经常进行调整，这样可以让门店所有人都有合作的机会，让导购们更多地了解店铺成员中的每个人，尝试各种组合，最终找到效率最高的方式。在这个过程中，因为小团体的成员是不断变化的，小团体相对来说也就不容易形成。

锦囊二：恰当利用“小团体主义”，平衡竞争氛围

不管是哪个小团体，都必须以公司的战略目标和利益为中心，否则他们就很难自处。

领导艺术，实际上就是平衡技巧。管理者要处理好店铺内部小团体的关系，需要进行合理的引导，让他们不至于钩心斗角、互相排斥，影响店铺的运作效率。当小团体之间出现问题的时候，管理者也需要从多个角度进行观察，因为各个小团体的人都是站在自己的立场上说话的，管理者需要站在一个全面的角度，搞清楚小团体的类别，了解他们的结构和关系，包括他们关注的利益，以及小团体产生的原因。

锦囊三：店长言传身教，公平处事

作为门店管理者，最忌讳的就是明显加入或偏袒某个“小帮派”，从而落下不公平、只为一己之私的口实。不偏不倚，公正公平，是管理者处理事务的基本原则。而店长更要言传身教，以身作则，公平处事，引导门店正能量的氛围。

欧阳寄语：“小团体主义”既有好处也有坏处，要善于利用。

疑难与攻略 26：如何应对导购在例会上的质疑？

又到了交接班的时间，店长张薇把店里的导购们召集起来开交接班会。

张薇先给大家说了一下店铺当日的销售状况及当月任务完成情况，然后开始说这次交接班会议的主题——月盘点工作安排。张薇清了清嗓子，说："盘点是我们每个月月底必须要做的事，对店铺的商品进行全面清点，以确保账实相符。周例会的时候也已经说过这次盘点安排在明天进行，今天再重申一遍，大家把自己的时间安排好，明天加班盘点要辛苦一些。另外，两个新导购小秋和小芳是第一次参加盘点，还不太明白怎么回事，我就先把明天具体的工作安排说一下吧。"

大家都抬起头，细听下文。张薇掏出工作笔记本，说："明天上午是阿芬、阿燕、阿玫上早班，下班之后辛苦一下，利用下午的时间，把仓库的货品先盘点一部分。毛衫类现在卖得比较少，阿玫就负责毛衫类的盘点；阿燕负责盘点单裤类；现在夹克比较少，阿芬就负责把西装类和夹克类一起盘一下吧，然后……"

张薇还没说完，阿玫就说："等等，我有个问题。"

张薇问："什么问题？"

阿玫说："为什么我们非得下班之后才能盘点呢？明天上午有三个老导购

上班，客流也不多，完全可以上午上班时间就开始盘点啊！干吗非得占用大家的下班时间？”

阿燕也接着说道：“是啊，我也有意见。明天又让我盘点单裤，裤子最难盘，号码又多，挤在一起，又不好看清楚。上个月就是我盘裤子，这个月也该我盘西装夹克了吧，都挂在那里，当然好盘了。”

“得了得了，反正无论怎么安排你们都有意见。都不要说了，我是店长，我说了算。”张薇强硬地说。

阿燕、阿玫想说什么，互相看了看，忍住了没说。

张薇接着说：“明天下午是四个人上班，阿桦、阿枫、小秋、小芳。我还是上行政班，不过因为要盘点，晚上比较忙，我的时间就调整为下午 1 点上班，晚上 9 点下班。8 点以后客流就该慢慢少了，阿桦就先带着小秋、小芳把仓库里准备过季回仓的货品全部整理盘点一下，我和阿枫负责销售。晚上 9 点，我们提前半小时停止营业，全部人员到位，开始全面盘点，我和阿枫负责卖场货品的盘点工作……”话还没说完，底下的导购你看看我，我看看你，又开始窃窃私语了。

新人小秋有些莫名其妙，悄悄问老导购阿桦：“桦姐，这不安排得挺井井有条的吗？怎么回事啊？”

“傻瓜，过季回仓的货品最烦啦，好多吊牌都没有，我们还要一个一个去查，有的残次品还要修补完才能清点装箱……反正很麻烦的，历来谁都不喜欢盘点老款。她自己倒好，盘点卖场，我当然也喜欢卖场，货品都在那里摆着，多容易啊！”阿桦悄悄地在小秋耳边说道。

“哦，原来如此，怪不得大家有意见。”小秋若有所思地点了点头。

诀窍一点通：

群众的眼睛是雪亮的。要服众，店长切忌投机取巧，假公济私，利用职权为自己谋利。

张薇一看底下乱了套，发起了火："你们在干什么？我正在安排工作，好不好？"

"是，店长，我们听着呐。"阿玫阴阳怪气地说。

一看阿玫这种态度，张薇气不打一处来，干脆把笔记本合上，说："你们有什么意见？都说吧。"

这下大家反而愣了，半天没人吭声。

"怎么，都没意见了是吧？没什么意见那就听从安排。"张薇打开笔记本，准备继续往下说。

"店长，既然您让我们说，那我就说了啊。"阿桦说。

张薇不禁一愣，但是是她让大家发表意见的，这时也只好硬着头皮说："你有什么就说吧。"

阿桦说："您是店长，工作您安排就是，按理说我也不该发什么牢骚，可这次盘点的安排我确实有意见。给我两个新导购，什么盘点经验都没有，就让我带着他们俩开始盘最难盘的过季回仓库存，说实话，说不定你们都盘完了，我们还在那干着呢。"

"你们还好，是在上班时间就开始干活了。我们更惨，下班之后才能盘点，盘完之后都不知道几点了，晚上九点还得回来，你说下午那一两个小时的时间我们是回去呢，还是不回去呢？"阿玫说道。

一直没说话的阿芬也说："是啊，我也有意见。我们上午班的下班之后要盘一部分，然后晚上还得回来盘另一部分，也太悲催了。"一时间，底下乱成一团，张薇一下慌了手脚。

先抛开例会的流程和标准不说。单从这次例会的工作安排来看，店长张

薇有没有什么不妥的地方？答案是肯定的。当然，张薇很可能是为了顾及销售，想尽量不让盘点影响当天的业绩完成情况，所以安排上午班的导购下班后盘点，下午班留出自己和一个老导购负责销售。但是在例会上，张薇没有说一句关于这次安排的解释。因为没有把考虑表达出来，所以没有一名导购能理解张薇的安排，反而都认为她徇私。而面对导购们对她的质疑，张薇也过于激动了，没有用正确的方法去处理，因此导致了矛盾升级，群情激愤。

那么，如果在例会上有导购质疑店长的安排，店长又该如何应对呢?

店里每天都有很多事情，其中有些事情是可以暂时搁置的，而有些事情是应该全力以赴的。在开例会前，店长要遵循“要事第一”的原则，提炼出每日、每周、每月例会的主题。这样在开例会时，才能让所有导购都明白店铺今天、这周、这个月的要事是什么。例会才可以做到主题鲜明，重点明确。比如，直营部周四需要回传陈列照片，那么周二、周三的工作重点就是陈列调整，周四的重点则是拍照及陈列照片回传。又如，周六、周日是销售高峰，那么周五的例会重点就要放在鼓舞导购士气上，让导购在接下来的销售高峰期能全力冲刺。这一点张薇做到了，有明确的主题和目的。但是，例会上最糟糕的事情莫过于店长说得声嘶力竭，导购心有怨念。要避免这种情况发生，就要使表达清楚无误，店长的精神要饱满，注意与导购的互动，提高他们的工作热情，比如加入小故事、小游戏，甚至可以加入精心挑选的激励音乐，等等。这样才是一个成功的例会。在这方面，显而易见，张薇做得还远远不够。

店长开例会的注意事项有几点。

第一，例会中的互动。请记住，在例会的过程中店长与导购多互动是非常重要的。一位优秀的店长一定是让导购多说，在他们说完以后还要多鼓励、多表扬。

例会的时候大家可以站成一个圆圈。圆圈会议是最好的形式，因为每个人都离得很近，所有人都可以看到其他参会的同事，这样还可以让导购们有投入感和参与感。例如，今天到了一款新货，店长可以在例会上问大家有什么方法让货品销售得更好（头脑风暴式例会）；也可以在跟进服务质量时采用角色扮演的方式，让其他同事扮演顾客，让服务技巧优秀的导购对他们进行服务，并带以讲解（辅导式例会）。这样可以让所有的同事都互动起来，例会效果将会十分显著，打下提升当天销售业绩的良好基础。

第二，例会时间的控制。一般早会控制在 5 ~ 10 分钟；夕会时间稍微长一点，因为要对一天的工作进行总结，但因为接近下班时间，导购容易分心，所以时间也不宜太长，以 8 ~ 12 分钟为最佳；交接班会，兼具了二者的功能，既对上午班的工作进行总结，又对下午班的工作进行安排，时间约为 10 ~ 15 分钟，最长不超过 20 分钟；周会的时间可以长一些，因为要安排一周的工作，可以在 20 ~ 30 分钟；而月会，因为不只是一个月工作的整体安排和总结，有时候还要有一些培训和导购团队沟通方面的内容，可以加入一些游戏和互动，所以一般时间可以安排在一到两个小时之间。

第三，确定例会的主题。店长或例会主持人在例会一开始就应该点出例会的主题。会前，根据例会主题，做出例会议程的进行计划表，以方便例会过程中的时间把控和节奏控制。

表达清晰才能让别人理解意思，才有可能顺利开展工作，所以店长在开例会时一定要进行有效的表达。那么，如何有效表达呢？这就需要注意以下几点。

一是突出中心、紧扣主题。

这就要求店长或例会主持人思路清晰，会议内容紧扣主题。如果自己都搞不清楚状况，说话颠三倒四，东一句西一句，自然无法让导购明白你在说什么。

二是尽可能让自己不被误解。

案例中的张薇应该在宣布安排之前，先把自己这样安排的原因和目的跟大家说清楚，这样就可以尽量避免导购的种种异议。

三是让导购参与到店铺的目标制定和工作安排中。

有时店长会担心导购不认可自己定销售目标，目标定得过高或过低，该怎么办？其实只有导购自己定的销售目标，他们才会为此负责任。如果店长定目标，那么这个目标只会是店长自己的要求。所以，一定要鼓励导购们自己定销售目标，同时店长可以通过提供历史数据来帮助他们制定目标。

当导购将销售目标定得很高时，店长一定要询问导购准备怎样来做达到这个目标，即必须保证导购有自己的计划，并有相应的措施去达到自己定的目标。

当导购将销售目标定得很低时，店长首先要询问导购这样定的原因，可以通过回顾该导购曾达到的业绩水平，适当提供更好的销售目标。

案例中的张薇其实可以让导购们自己分工盘点工作，这样也可以避免发生导购不服从店长安排的情况。

第四，例会故事、案例分析或者例会游戏。例会中讲一些小故事或者来点小游戏，可以给每一位导购提供全新的思路，锻炼他们的思维，提高他们的技能，调适身心状态，从而更乐观地面对工作和生活的挑战，提高解决问题的能力。

例会的内容还有一些必要的仪式，比如要求同事振臂高呼例会的口号，声音不响亮的话就再来一遍，这样做的目的是提高导购们的士气。

第五，例会的总结。例会的最后，店长应对整个例会的内容做一个回顾总结，把所有的要点再重述一遍，再一次提醒导购们例会的要点。这样做不至于会议开到后面，导购们已经忘记了前面的内容。例会结束后，店长应该做出书面总结，便于日后查阅、借鉴。

第六，例会的跟进。工作安排真正的实现在于店长安排工作后的跟进。只安排而不注重实效，这样的安排只有空壳。

锦囊一：先不说，私下沟通

能在例会中公开提出质疑的导购大多比较自信，能力强。其中有很多是老导购，因为老导购自认为资格比较老，有发言权。出现这种情况，切忌矛盾激化，要注意方式方法。

因为是会议时间，店长可以对提出质疑的导购说："先听我把工作安排完，我会告诉大家为什么会这样安排。如果说完之后大家还有什么想法，可以今天私下来找我沟通。"

锦囊二：赞同其建议，让其尝试

如果导购提出的建议确实有道理，不妨让其尝试。当然，前提是这个工作的责任也是要这位导购承担的。

锦囊三：不要有任何成见和想法

店长在面对导购的质疑时首先心态要平和，争取缓和处理。若自己错了，先承认错误。

锦囊四：运用权力和魄力，对错分明

若是导购有了情绪，店长可以告诉他："好"或"我知道了，私下我们再沟通"；若仍纠缠，可动用权力，请对方先等等（果断）；没有必要跟对方辩解；不要受对方的影响，了解其目的，分析其心态。

欧阳寄语：有工作安排，就会有异议存在，冷静处理。

疑难与攻略 27：被导购误会，该怎么解决?

芊羽人如其名，皮肤白净，精致文雅，娇滴滴得宛如琼瑶小说中的人物。不过外表柔柔弱弱，细声细气的芊羽在工作上却雷厉风行。虽然是独生女，在家从没有做过一点家务，但在店铺里却任劳任怨，踏踏实实，工作很勤恳。于是，公司决定把芊羽提拔为店长。

上任之后，芊羽更是兢兢业业，唯恐辜负了公司对她的信任。这家店铺里除了芊羽，还有五位导购，其中心水是老导购，非常敬业，心态也非常好，是芊羽的得力干将。立立是最让芊羽头痛，但也是最让芊羽喜欢的一个。立立的家庭条件非常好，因为父母不同意她和现在的男朋友谈恋爱，她一气之下离家出走，来到了这个城市。当然现在她已和家庭冰释前嫌，重归于好了，但为了向家里人证明自己可以独立生活，所以一直留在这个城市没有回去。她发誓要做出一番成绩给父母看。立立的上进、有志气让芊羽非常欣赏。除此之外，立立的销售能力也很强，而且能歌善舞，是店铺里的“开心果”。美中不足的是，立立性格大大咧咧，有时候还会犯点小错误，搞出点小乱子，而且性格倔强，不服管。

最近店铺里的导购们频繁迟到，工作的时候也常常走神，不在状态。于是芊羽在交班例会上不点名地着重说了一下这些情况，提醒大家注意。谁知，这却引起了立立的误会。

上早班的人下班之后，芊羽正和心水在仓库里查看货品状况，突然，立立冲了进来，气急败坏地嚷道："你今天说的话是什么意思？你就是冲着我来的！知道你早就看我不顺眼了，你到底想怎么样？"

正在工作的芊羽一下子愣住了，从来没有人这样大声对她嚷嚷过。作为店长，平时工作中会受许多委屈，但她一直都放在心底。今天被立立这么一嚷嚷，芊羽竟然一个字也说不出来，委屈的眼泪像断了线的珍珠滚了下来。

立立看芊羽竟然哭了，也愣住了，过了一会儿又继续嚷嚷："有什么就冲我来，不用拿哭来吓唬人，你就是故意针对我！"

芊羽哽咽着，断断续续地说："我……我根本不知道……你在说什么。"

"怎么不知道？少给我装。"立立说。

这时，心水看不下去了，对立立说："立立，有什么话好好说，干吗这么大火气。"

"你们都是串通一气的，都是针对我，我不跟你们说了，明天我们再来说个究竟。"说完，立立气冲冲地下班走了。

心水安慰芊羽："别跟她一般见识。这小丫头今天不知道哪根筋没搭对，这么对你乱发脾气，都不知道是怎么回事。"

芊羽止不住地流泪，开始检讨自己："我从来都是对事不对人，没有针对过她啊，是不是我有什么地方处理得不好，让她产生了这样的误会？"

心水说："你今天例会上的话我听着也没觉得是针对她啊，同事们最近确实有点懒散了，是要整顿一下了。可能是她太多心了，或者今天她跟男朋友吵架了心情不好。不要跟她计较了，跟小孩子生气不值得。"

芊羽点点头，说："我倒不是为了立立这几句话生气，只是有些伤心。自从做了店长，我付出了很多，加班加点，凡事都想做个榜样，受了委屈也是自己忍着。但我从来没想到，我的员工竟然会这样看我，这样对待我，我真的很伤心。”说着，眼泪又掉了下来。

心水叹了口气说：“我平常和同事们聊起你，大家都是蛮认可你的，觉得你很敬业，对大家也不错。我敢打赌今天立立是吃错药了，或者受了什么刺激。”

芊羽听后点了点头，慢慢止住了泪水。

第二天，立立上的是晚班。看到芊羽，她明显有些不自在了，装作若无其事地工作。芊羽平复了自己的心情，也在做自己的事，两人似乎什么都没发生过。晚上7点钟，销售高峰过去了，店铺变得冷清。平时这时候芊羽也该下班了，但今天她没有走，换好衣服之后，看卖场没什么顾客，便微笑着跟立立说：“立立，我有些事情想请你帮忙，麻烦你到仓库来一下好吗？小武、牛牛，麻烦你们看一下店面。”牛牛和小武爽快地答应了。立立犹豫了一下，还是跟着芊羽进了仓库。

诀窍一点通：

误会的处理不能拖，越拖矛盾越多，一定要及时解决。

芊羽已经在仓库准备好了两把椅子，她先请立立坐下，然后说：“立立，你到我们店铺这么长时间了，我一直没有机会和你深入沟通一次。这让我们之间有了些误会，今天我希望能跟你真诚地交流一下。”立立看芊羽不计前嫌，有点脸红起来，不过还是嘴硬说：“你有什么话就赶紧说吧，我还要到外面去忙呢。”

芊羽开诚布公地说：“一直以来，你都是最让我头痛的一位员工，因为你大毛病不犯，小毛病不断。但说实话，从个人感情上来说，你也是我最喜欢的一位员工。”

“不会吧？”立立万万没想到芊羽会这样说，不由得抬起了头，“我明明觉得你最讨厌我啊，老是故意挑我的毛病。”

芊羽叹了口气，说："真没想到我竟然给你留下了这样的印象，看来我要检讨一下自己的表达能力了。跟店里其他女孩子相比，你虽然很叛逆，但也很独立，为了爱情千里迢迢来到一个陌生的城市打拼，这不容易。你有自己的志向和目标，这些我都很欣赏。还有，你能歌善舞，而这恰好是我最缺乏的，我唱歌五音不全，所以特别羡慕你的歌喉。记得在公司年会上，你连蹦带跳唱《嘻唰唰》，当时我是第一个冲上台去给你伴舞的。你忘了吗？”

诀窍一点通：

解除误会之初，不妨先说对方的优点。

“是吗？”一番话引起了立立的回忆。接着，她不好意思地说："好像是有这回事。”

“我觉得你就像一个不懂事的小妹妹，顽皮可爱，经常犯错。我是把你当成自己的妹妹一样教导的，可能会对你要求严格一些，但我根本没想到，你一直以为我在针对你。”芊羽说着不由得又红了眼圈。

“不好意思，芊羽，”立立不由得红着脸说，“昨天是我不对，误会了你。你在例会上说我们最近迟到很严重，要杜绝这种现象。刚好我最近迟到了好几次，所以就觉得你是在针对我。恰好前天我跟男朋友闹了点别扭，心情不太好，可能说话没经大脑。其实，话一说出来我就后悔了。”

“我确实没有针对你的意思，可能我们相处的时间还不长，你还不够了解我。像心水这些老导购都知道的，我做事从来是对事不对人，虽然铁面无私了些，看着不好接触，其实我心里把你们每个人都当成自己的姐妹一样。不过，你这次也刚好提醒了我，以后要和大家有更多的私下交流和沟通，不然大家容易产生误会。”芊羽说道。

“嗯，这样一说我就明白了。非常不好意思，芊羽，能原谅我昨天的胡言乱语吗?你也知道,我这个人大大咧咧,做事不稳当,你就当我是做错事的小妹妹,饶了我吧!以后我再也不胡乱猜疑了。”立立俏皮地说。

“我如果没有原谅你,能跟你这样坐下来,平心静气地聊吗?不过以后可不能再这样乱发脾气了。这次的事情过去了,但如果你以后再跟其他同事这样闹别扭,可要怎么收场呀!你这丫头的臭脾气,都是让男朋友给宠坏了。”芊羽用手指点了一下立立的额头说。

“那当然,谁让我在他眼中是天上少有,地下无双呢。”立立得意扬扬地说。

两个人重归于好。

从那以后,立立的小姐脾气也改变了许多,和同事的关系也越来越融洽,成为店里名副其实的“开心果”。

同事是与自己一起工作的人,与同事相处得如何直接关系到自己的日常工作、事业的进步与发展。如果同事之间关系融洽、和谐,人们就会感到心情愉快。这有利于工作顺利进行,促进自己事业的发展。反之,如果与同事关系紧张,相互拆台,经常发生摩擦,就会影响工作时的心情,阻碍事业的正常发展。

人与人在相处过程中产生误会在所难免,有时候不只是因为不够了解彼此,也许还因为阴差阳错。而比误会更深一级的是冲突,冲突不只是因为双方坚持己见,同时也是需要交流沟通的前兆。

任何情况下将心比心都有效,换位思考,为别人着想,一定会换来别人的体谅。

在店铺工作中也是一样,每个员工的生长环境、经历、性格、习惯等的不同,难免在共事的过程中产生歧义、误会和冲突。不仅是同级同事之间,上下级之间也会出现这些情况。遇到此类问题，门店管理者首要的一点就是冷静，千万不要因为小事引起争执，酿成大错。

锦囊一：以诚相待

生活中什么样的情况都有可能遇到，何不打开心扉，以诚相待，以平和的心态去面对呢？

店铺同事在一起的时间，也许比和家人在一起的时间都长。因为回家之后就是吃饭睡觉，与家人真正交流和共同活动的时间很少。而同事是我们每天必须面对的人，出现摩擦和误会也很正常。态度决定一切，如果你对别人以诚相待，别人也会真诚地对待你；如果你只有虚情假意，别人自然也是逢场作戏。

当上级领导被员工误会时，真诚地与之谈一谈，也许就能解开彼此的心结，从此又多了一名心腹。

锦囊二：主动及时沟通

误会的解除一定要及时，因为一次误会、冲突之后，在双方的心里都会或多或少有一些不愉快。并且时间越长，当事人双方会觉得矛盾越深，越难以面对问题、解决问题。所以，冤家宜解不宜结，早沟通，早解决，不要拖太久。同时，管理者要了解矛盾根源，对症下药。

锦囊三：注意场合

无论是导购之间有误会，还是导购与门店管理者产生了矛盾，都要避免在公开场合当众解决，而要随后再找机会进行调解，避免事态进一步恶化。

锦囊四：先认同，再批评

人与人之间的沟通是一门艺术，是需要用心的，谁都不喜欢被人批评，所以，在与员工沟通的时候也是如此，要先认同员工的优点和日常表现，再针对本次事件提出看法，这样，员工会更容易接受。

欧阳寄语：以诚相待，没有解不开的心结。

第四章

导购的负面情绪

你知道吗?

在日常工作中，导购很容易出现工作懒散、没有工作激情、情绪化严重及喜欢抱怨等负面情绪。这时，门店管理者需要找出导购产生上述负面情绪的真正原因，未雨绸缪，并针对不同情况对导购加以引导，帮助他们消除负面情绪。

一个篮子里装满了苹果。如果当中有一个苹果坏掉了，不久，一篮子的苹果都会坏掉。

如果不及时处理篮子里面的烂苹果，细菌会迅速传播，把果篮里面的其他苹果也弄烂，最后整篮苹果都不能吃了。烂苹果的可怕之处就在于它有惊人的破坏力和超强的传染力。

负面情绪和烂苹果一样具有很强的传播力量。尤其在导购群体中，负面情绪会蔓延得非常快。

例如，今天有名导购不开心，原因是一位顾客脾气很大，对他的服务反应过激，说了一些难听的话。然后你会发现，不仅这名导购，门店的其他员工也会受此事的影响，大家一起批评素质不高的顾客的不妥当言行，直到发泄完毕，觉得足够出气为止。而在这个过程中，因导购对其他顾客的忽视导致的销售损失是巨大的。

为什么在零售门店中，负面情绪的传播力量会如此大呢?

这是由零售门店工作人员的特点决定的：一是他们都很年轻，一般在二十岁左右，这个年龄段的人普遍社会阅历不深，不够了解人情世故，不能妥善处理自己的情绪，很容易受到别人负面情绪的影响和控制；二是零售门店的导购以女性居多，她们较为感性，喜欢表达，在产生负面情绪的时候更喜欢说出来或直接在言行举止中表达出来。负面情绪一旦在门店里释放，如在同事面前唉声叹气、眉头紧锁、一副苦瓜脸，便极有可能传给同事，让门店的气氛变得压抑。

那么，导购为什么会有这些负面情绪，门店管理者又该从哪些方面下手，避免或解决此类问题呢?

疑难与攻略 28：导购工作懒散，不主动怎么办?

Y 品牌在青岛新开了一家直营店。这是该品牌进驻青岛的第一家店，因此公司非常重视，寄予厚望。公司投资了不少人力、财力，所有的装修、员工形象、货品配置都是按照旗舰店的模式做的，希望它能打响 Y 品牌在青岛及周边地区的名气，方便今后拓展市场。

店长白冰虽是新人，但形象很好，很适合在 Y 品牌这样的高端品牌店工作。除此之外，她有一定的销售经验和管理经验，所以负责招聘的人事专员和负责前期开业工作的区域经理都对她很满意。但三个月后，门店的业绩就逐月下滑。公司总部与店长白冰电话沟通，白冰说是货品不足导致的，公司便迅速调配，充足货品，但即便如此，销售业绩也并无增长。

以当地竞争对手品牌的情况来看，青岛店业绩不断下滑是不正常的。因此，公司特地派最优秀的市场督导李娟来督察巡视，驻店协助业绩提升。李娟到店之后积极了解青岛服装业现状，并在店铺与导购一起工作，两天之后她就给区域经理发了一份分析报告。

李娟发现，这家店根本不存在所谓的货品不足问题，相反，因为公司的大力支持，货品太过充足。李娟反而刻意撤了一些款式，使卖场更加清爽，突出重点销售的商品。店铺其他方面的配置也很好，装修、员工形象、位置等都不错。那问题出在哪里呢？答案是店铺里的导购工作时没有主动性和积极性，比较散漫。

> **诀窍一点通：**
> 要找出店铺导购工作懒散背后的真正原因。很多时候，懒散和不主动只是表象，而内部，可能更多的是管理问题。

为什么会出现这样的问题？李娟通过了解发现，青岛店的店长白冰虽然形象很好，销售能力不错，也有过短暂的其他品牌门店店长的经验，但年龄比较小，性格也较单纯，在行使店长权力时往往表达不注意方式，而店里的其他三名导购又都个性鲜明。A 导购是个典型的多愁善感的女孩，很容易多想，受一点点委屈就掉眼泪，之前也没有相关工作经验，因此业务能力比较差，但好在有学习愿望；B 导购是个“老油条”，年龄最大，已成家，有业务经验，话不多，店长说什么就是什么，但其实内心并不见得服气，往往暗地里给白冰使绊子；C 导购属于清高型，自以为综合素质不错，所以一直不太服白冰。而作为门店店长，白冰做事缺乏手段，想法天真，也使得店长的威信在导购心目中迟迟建立不起来。店铺诸人之间由此出现了面和心不和的现象。门店人心涣散，业绩又怎么能做好？

找出问题并分析之后，李娟向公司总部提出申请，驻店一个月，培养青岛店店长白冰的管理能力，同时与其他员工进行沟通，调动大家的工作积极性，带领大家改变现状。

员工工作懒散有很多原因，重要的是门店管理者要及时找出背后的真正

原因。

导致案例中问题的原因是店长的管理不力，无法树立威信，也没能调动起导购的工作积极性。

就销售行业而言，导购的积极、热情和满腔的激情，是成就优秀销售业绩的前提。如果你的导购懒散、不主动，像午后的倦猫，那你的业绩肯定也不会理想。

当然，员工工作不主动，不积极，并不一定是工作态度出了问题，有的是工作能力不够，不知道自己该怎样主动，怎样去表现，怎样才能达到最好的工作效果。这一类员工属于听话照做型，太高的要求他达不到，只能做你安排好的事情。相比积极主动、能干的员工，这类员工自然不够理想，但这是他的能力使然，而非态度使然。对待此类员工，安排好他的工作就好，他不知道做什么，你就告诉他做什么。

很多服装行业的人打趣，终端门店的导购是一年到头都忙啊！ 1 月忙创高业绩，2 月忙春节促销，3 月忙春装销售，4 月忙夏装上市，5 月忙节日促销，6 月忙季末消化，好不容易 7 月、8 月闲一点吧，不是订货会、培训会，就是这奖励那大赛的，然后到了 9 月又要上秋装了，10 月不用说，要抓好国庆业绩，11 月要上冬装了，12 月是一年中的好时候，是销售旺季。一年到头忙不休。

导购时时刻刻把脑袋里的弦绷得紧紧的、确实很累，但没办法，销售行业就是这样，容不得半点松懈。为什么很多公司都在淡季的时候搞各种培训和考核大赛呢？就是想调动大家的士气，不能松懈。

作为门店店长，要学会利用店长的力量，树立威信，与导购进行定期沟通、制定门店制度并严格要求导购执行、遵守，这些都是店长必须做的事情。

锦囊一：未雨绸缪

门店要定期组织“你说我说”的畅听游戏，由导购对店铺里的其他人进行匿名优缺点点评。借助大家的力量，让导购知道自己的工作表现及在大家心中的形象，激发他们的个人荣誉感和工作主动性。

在销售淡季，导购工作态度懒散的时候，店铺可以推行“我是店长”活动，即店铺里的每个人轮流当三天店长，全面负责店铺的工作，其他人必须全力配合，借此给每名导购锻炼和展现才华的机会。

多给导购提供展示自我的平台，让他们在繁忙的工作之外获得成就感。

锦囊二：树立榜样

每个团队的发展都需要榜样引导。门店管理者要合理利用奖惩制度，给予表现好的导购物质奖励，并将其树立成工作典型，在例会上通报表扬，积极宣传，让表现优异者一同带动团队的发展。

同时，对于工作不积极的导购，店长要细致、合理地给他安排工作，替他定目标，后期还要及时跟进、检查、帮助和沟通。

锦囊三：营造氛围

一定要让员工知道，他是为自己工作，而不是为公司工作；

团队之间一定要有竞争，常互动，常动员，确立阶段性目标；

找到员工工作不主动的原因，对症下药，同时营造店铺的竞争氛围，强化员工的竞争意识；

公司也一定要有合理的晋升制度，让员工看到希望；

一定要有短期的激励措施，例如将月奖励改为周奖励，或是将周奖励改为日奖励，而且奖励要及时，比如员工昨天表现很好，那么今天就要奖励。

锦囊四：高效沟通

要做好导购的情绪管理工作，最好的方式是沟通，沟通的目的是让店铺导购心连着心。除此之外，门店管理者在平时的工作中也要主动了解导购的内心和工作以外的生活，必要时及时矫正、及时帮助。

欧阳寄语：管理容不得半点松懈。

疑难与攻略 29：导购没有工作激情怎么办？

“谁能帮帮我啊？”

这是一位店长在服装销售精英网上发布的消息，原因是店铺导购的销售积极性不高，缺乏工作激情。

这位店长的求助，立刻引起了网群内数十位店长的响应。

A 店长痛苦地表示：“我们店里的一名导购刚来时很有干劲，做什么事都很积极，但现在总是站在那里发呆，整天一副丢了魂的样子。私下里跟她沟通了好多次，问她是否碰到了难处，她也不回答。一名导购的状态不好很容易影响其他导购。这不，另外几名导购也陆续出现了这种情况，现在店铺的业绩越做越差，真是头疼！”

B 店长表示：“按照公司制度的规定，导购迟到是要被罚款的，但交了罚金的导购会一天，甚至几天不开心，很影响业绩。”

C 店长说：“一到淡场员工就扎堆聊天，随意倚靠，批评他们几句，他们就合起伙来挤对你，背后说你不厚道！有时候还给你起绰号……”

D 店长也说：“一到年关，店里导购的工作状态就不稳定，特别是第一年在外打工的导购。她担心过年回不了家，工作时总是不在状态。你还没有跟她说原因，她就先哭了。”

……

分析

店长一个人兢兢业业，把所有的事情都担负起来，而店铺的其他导购却一个个得过且过，混日子，没有一点工作激情，把重担都推到店长一个人身上。

甚至有些导购心安理得地说：“我不想当官，不喜欢当官，也不是当官的料。我不当店长，只当店员。”这种没有压力、没有目标，干一天算一天的情况屡见不鲜。

为什么导购没有工作激情？造成这种状况的原因是什么？他们到底是怎么想的？

对此，导购也在网上发表了他们的想法。

北京双井某孕婴童连锁店导购：

我刚上班半年，这半年来店里的员工一直不稳定，弄得我心里也很不安稳，总感觉这个地方待不长。

郑州二七路某女装品牌导购：

我是很想做出业绩的，但就是找不到方法，店长找我谈了几次话，让我勤观察、多总结，但我人比较笨，总是不得要领。或许我真的不适合这份工作，对自己越来越没有信心。

内蒙古某运动休闲品牌导购：

虽然店长以前在其他品牌做过督导，但真的很不专业，我们有问题一般得不到专业的指导，同事们心里不服她。

青岛某女装品牌导购：

店长人很好，对我们尽心尽力，但在业绩方面很少帮到我们。

内蒙古某女装品牌导购：

店长是老板的小姨子，整天无所事事，像监工一样。

由此可见，导购工作没有激情，是多方面原因造成的。有环境因素，有管理不当的因素，有自身的原因，等等。所以，如果你手下的导购出现了类似的问题，先不要急着去恨铁不成钢，要先检讨自己：我是否给导购们营造了一个充满竞争和活力的工作环境？我是否帮导购们制定了长短期目标？我是否给予了他们充分展现自我的平台？我是否成功调动了他们的工作积极性？

导购毕竟是导购，许多时候需要门店管理者引导，帮助他们成长。如果导购已然很优秀，让你无可挑剔，那店长这个职位也就没有存在的意义了。

诀窍一点通：

在员工表现不理想的时候，管理者首先要反思自己。任何问题的背后，都有多方面的原因。

人是受环境影响的，门店管理者要学会给导购不断施加压力，发现问题，激励完善。

我国台湾地区有一位家居门店的超级女店长李采玟，一年拼出了 1 亿元新台币的业绩（以下业绩数字均为新台币），这件事曾经被多家媒体报道过。

那么，这么高的业绩，是怎样创造出来的呢？

当记者去采访时，看到办公室里好几张办公桌前贴着红字条，仔细一看，其中一张上面写着：亲爱的第 × 组伙伴，时间已经过了 13 天了，你们尚欠我

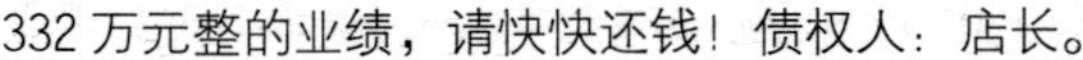
332 万元整的业绩，请快快还钱！债权人：店长。

诀窍一点通：

商场如战场，要时刻把这种理念灌输给你的员工。

锦囊一：制造危机感

这哪里是店铺，分明是战场，时时刻刻都有硝烟的味道。试想，在这种环境下工作，李采玟的员工能容许自己懒懒散散，没有激情，应付了事吗？恐怕自己都会觉得不好意思。

环境对人影响非常大，门店管理者要善于用紧张的工作氛围激发出导购的危机感。

锦囊二：激发矛盾

这位超级女店长有一招非常实用，值得大家学习，同时这也是零售门店管理中经常用到的一招——“水至清则无鱼”。想要这潭“水”有生机，先把它搅浑。

李采玟看透了年轻人争强好胜的特点，在建立团队之初，先重点培养第一位当月业绩 500 万元的顶尖业务员，等到他的表现稳定，就转而用同样的方式再培养第二位、第三位员工，甚至故意把顶尖业务员们的座位面对面安置，借此营造团队的竞争气氛。打造“明星球员”，制造团队的标杆，同时储备超过水位的“板凳球员”，让团队成员随时处在可能被取代的危机意识中，拼命往前冲。

当记者问她为什么有这样的想法时，这位超级女店长表示，培养“战斗团队”的方法是她从企业培养干部的训练课程中学到的，她记得当时老师提过，业务团队成员彼此如果感情好，业绩一定不好；业绩好，感情一定不好。她宁取后者。

“设立标杆”只是激发员工战胜意志的第一步，之后她又将旗下 14 名业务员分成 4 组，让 4 名业绩稳定的百万级业务员各自带领一个团队，开始业绩竞赛。

锦囊三：储存后备军

李采玟认为，想要超级业务员，就该让一家店的人才超出标准水位。

如果一家店铺需要 10 个人工作，那么就该用 12 到 14 个人，用人的费用不是优先考虑的问题，重点是要让旧人随时都感受到新人的挑战。

条件允许的情况下，店铺里不一定要“一个萝卜一个坑”。人员富余，一方面可以应对紧急情况，另一方面让每个人都永远有危机感。

锦囊四：团队竞赛

李采玟在员工办公桌前贴的讨债红字条，上面写的金额是每组当月还没有达成的业绩。每组都有自己的业绩目标数字。

让顶尖业务员担任小组领导人，以团队竞赛的方式来激励资深同人带领资浅同人，团队之间你追我赶，好处是让团队业绩可以接棒表演，不会依赖少数“明星”。

因为行业不同，门店的实际情况不同，我们不一定会全盘按照她的做法去做，但这种思路，完全可以尝试。

当一个人有压力有危机感的时候，自然，他的状态是最好的。

据说，在我国南方某著名风景区，在新的栈道未修好之前，山路崎岖，每年都会有游客意外受伤，但当地山民肩挑重担，风里来雨里去却从未出问题。原因是肩上有重担，才会更小心翼翼，才不会出意外。

销售这个岗位门槛看起来低，其实蕴藏着无数机遇。许多成功的企业家都是做销售起家的！做销售可以培养人各方面的能力。只要够努力，销售可以有很多发展方向：业务主管、销售经理、大区经理，甚至营销总监、总经理，都可能从导购里产生，而且从一线成长起来的领导在员工中更有说服力。

没有失败的行业，只有失败的企业。这个道理用在人身上也是一样的。不要埋怨命运不公平、运气不好。命运属于自己，运气也把握在自己的手上。如果你每天愁眉苦脸，好运气当然不会找上你；如果你积极主动，全身心投入，命运自然也会眷顾你！不管在哪里，相信大家都会找到自己的位置！

欧阳寄语：想让这潭“水”有生机？最好的办法是先把“水”搅浑！

疑难与攻略 30：导购情绪化严重怎么办?

小小今天捅了个娄子。店铺规定上班时间不得携带手机进卖场，更不允许在卖场接打私人电话，但小小今天换衣服的时候忘记把手机拿出来了，结果手机被带进了卖场。谁知正在她在为一位犹豫型顾客紧锣密鼓服务的时候，眼看顾客就要被甜言蜜语“轰炸”成功，准备埋单了，手机却在这时不合时宜地响了，而且声音非常大，在安静的卖场中显得尤为刺耳。小小自己也被吓了一跳，过了一会儿才反应过来，赶紧挂掉了电话，跟顾客道歉。可是刚接上刚才的话茬，手机又响了起来，挂掉，再响……小小只好一边退到仓库里接电话，一边示意其他导购帮她继续接待这位顾客。不知道是被打扰了心情还是不信任接手的导购，顾客犹豫了一下，说再考虑考虑吧，就离开了。

结果，店长韩冰按照公司规定，毫不手软地对小小罚款 20 元。小小觉得自己不是有意带手机进卖场的，只是一时粗心忘记了，而且自己在卖场是以顾客为重的，电话响后也一直挂掉没有接，最后迫不得已才到仓库接的电话，并且离开时也跟同事交接了，顾客走了她也没办法。

每家公司、每家店铺都有自己的规章制度，当员工触犯了这些制度后就会受到一些相应的经济惩罚，这在店铺运营的过程中是不可避免的。但小小认为自己一直表现很好，之前从没有犯过什么错，这件事让她很没有面子，店长不应该小题大做，让她难堪。小小不服气，在当天接下来的工作中更是郁郁寡欢，眼泪汪汪。结果忙碌了一天，小小竟然没有开单。

诀窍一点通：

销售人员的情绪直接影响业绩，门店管理者一定要及时解决。

下班后，店长韩冰跟小小进行了一次沟通交流，韩冰告诉小小：“工作就好比玩一场游戏，你一定能享受到这场游戏给你带来的喜怒哀乐。但是，任何游戏都是有规则的，一旦违反游戏规则，就一定会受到相应的惩罚，这是你在开始游戏前就该想到的。”

新来店铺不久的导购程程是店长惠惠很看好的一名员工。

这几天程程的工作状态不对劲儿，时不时发呆，眼神也很空洞，甚至有时候还偷偷掉眼泪。“看来程程是遇到了大问题，不然做事一向沉稳的她不会这样。不行，一定要开导一下她，帮忙解决问题。”惠惠心里想。

刚好今天下大雨，卖场很冷清，店铺的人手也充足，惠惠就向其他导购交代了一下卖场的工作，拉着程程一起去了仓库。

一进仓库，程程就忍不住眼泪，抱着惠惠抽泣了起来。惠惠一边拍着程程的肩膀，轻声安慰她，一边扶着她慢慢坐下，并给她端来了一杯温水。程程看着细心关照她的惠惠，哽咽着说：“这件事情我对谁都没有说过，一个人撑着，真的好累，每次一想起来，我就控制不了自己的情绪。”

惠惠温柔地说：“说出来心里会好受些，不管我能不能帮上你的忙，最起码能让你宣泄出来，一直闷在心里会出问题的。”

程程点点头，说："我之所以出去了这么多年又回到家乡，实在是迫不得已的。我是这里的人，但我老公是外地人，当年他费了很大的力气才追到我，对我很好，而且他的家庭非常富裕，所以当年结婚时风风光光，一大帮人送亲，把我嫁到外地去。好多人都说我进了蜜罐，人人眼红。"

程程平复了一下情绪，继续说："结婚后我很快生了个女儿，公公婆婆给我们带着孩子，我和老公就到南方发展了。用他们家给的资金，我们在南方置了房产，还开了一家小型外贸公司。谁知道钱还没赚多少，我老公就迷上了赌马，把公司也搭了进去。我劝过多次，骂过多次，但他就是戒不了赌。这次闹得最凶，我提出离婚，他不同意，我一气之下就回了娘家，一心想要跟他断绝关系，自己找工作，不依靠他。但我哪有脸面见亲戚朋友，对外只说是公司运转不太灵活，先回来休息一段时间，只字未提闹离婚的事。我今天才知道，他已经把南方城市的房子也输掉了。刚才我们已经在电话里说得很清楚，离婚，马上签字。"

惠惠大吃一惊，万万没想到这种只在电视剧里看过的事情竟然会发生在身边人的身上，真是家家有本难念的经啊！之前只知道时尚靓丽、温柔贤惠的程程是已婚的，但不知道原来她的故事这么曲折。

诀窍一点通：

家家有本难念的经。员工情绪化的背后，也许隐藏了很多无奈，一定要了解真实的原因。

惠惠沉思了一下，说："程程，真没想到这样不开心的事情会发生在你的身上。我前段时间看电影听到这样一句话，'每个建立了帝国或者曾经改变过世界的人，都经历过世人难以承受的挫折。'你现在经历的痛苦，对你来说未尝不是一件好事。既然你的老公有这样的恶习，那么你觉得是在年轻的时候发现比较好，还是在一起生活了十年二十年之后才发现比较好呢？如果你一直像以前一样依附你的老公，他一旦出了问题，天就要塌了。现在的你虽然起点不高，但是自立自强，而且很有潜力，大家都很喜欢你，公司也很认可你，并打算将你当作好苗子来培养，说不定你可以就此成就自己的事业，走向成功呢！”

随后，惠惠帮程程跟公司请了一周的假，让她好好调整一下心情，处理好自己的事情。

一周后，程程精神焕发地回到了店铺，并对惠惠说：“哪怕我现在从头开始，起码命运掌握在自己的手里，不用看任何人的脸色过日子。谢谢你，惠惠！”

案例一中的小小年轻气盛，因为自己的失误违反了店铺的制度，导致店长韩冰对她进行了批评和处罚，她一时气不过，眼泪汪汪。这在平时的工作中非常常见。但案例二就不同了，程程是一名成熟稳重的员工，年龄也比较大，却也控制不了自己的情绪，在卖场动情流泪，这是什么原因呢？她遇到了人生中的大事——婚姻危机。面对这种情况，店长惠惠适时给予了程程帮助和引导，帮她化解了心结，克服了困难。

其实，情绪化的时候每个人都有，每个人都体会过人生无常。一些员工因为工作压力大、家庭突发变故、人际交往矛盾等，产生了不好的情绪，这是很正常的。而此时门店管理者应该如何化解导购的负面情绪，阻止负面情绪向其他员工蔓延呢？

诀窍一点通：

人有悲欢离合，月有阴晴圆缺。员工有负面情绪是正常的，管理者要及时发现，善于引导。

首先要及时与情绪化的导购沟通，给他们以关心、帮助，让他们说出心里话，发现根本问题。除此之外，营造积极、快乐的店铺环境，也是改善导购消极情绪的有效手段。如果每天导购一来到店里就感受到从店长到同事都很快乐，自然也会跟着积极地销售商品。氛围是大家共同营造的，只要不偏离原则，就可以让员工自由释放天性。

店长在管理过程中可以采用内紧外松的风格，在日常生活中与导购们做朋友，但是在工作时要遵守原则，将公司的利益放在首要位置。

虽然现在有越来越多的品牌门店开始招聘男性导购，但因为导购工作性质的特殊，目前终端门店的大部分员工还是女性。很多人认为女性比较麻烦，小心眼、情绪化严重、动不动就哭鼻子、耍小性子、难伺候、难管理。有的女性店员能力很好，但是一闹情绪，说辞职就辞职；情绪总不稳定，业绩也时好时坏；心情不好，就不理会顾客……

其实，情绪化严重的员工大多比较感性，注重感情。作为一名曾经的女性员工和女性主管，我深深理解这一点。

虽然在生活中我们看到更多的是男性在商场上叱咤风云，不过据统计，女性创业的成功率比男性高很多，这是为什么呢？因为女性更容易投入感情，更容易集中精力，全力以赴，不给自己后退的机会。同时，女性在管理风格上也偏感性，更希望自己的团队和睦融洽。

女性导购情绪化严重并不见得是坏事，只能说明女性导购感性、重感情，容易被感动和感化。情绪化的背后代表的是热心、是投入。如果店长把握好这类导购的需求，细心关注他们的生活，用情感去用人、去留人，定会收获意料之外的效果。

诀窍一点通：

感性，是女性的特点，管理者要善加引导，把特点变为优点。

锦囊一：及时沟通，把握苗头

在终端销售中，导购的工作态度至关重要。作为门店管理者，你有没有在巡店的过程中和你的员工定期沟通?

请问你多久和员工沟通一次（正式的30分钟以上的沟通）?

如果从未沟通过，那么作为管理者，你太不称职了;

如果一年一两次，说明你有这个意识，但也只是遇到问题才想着沟通解决;

如果两三个月一次，那么你还要加油;

如果一个月一次，那么你对员工的了解和关注还远远不够;

如果小沟通随时有，大沟通月月聊，时时都在关注员工，那才算掌握了沟通这门管理技术。

锦囊二：尊重，关注，引导

一般情况下，当员工在工作中犯了错，门店管理者通常会通过罚款的方式让他们“吃一堑，长一智”。这固然能督促员工更加卖力、积极地工作，但同时也激发了他们的消极情绪。这时，安抚、开导员工，管理者责无旁贷。比如，告诉他们为什么罚款；如何做才能避免再次挨罚；积极地替他们想办法解决问题。这样做员工自己也会明白，罚款只是管理手段，而不是目的。

锦囊三：管理者每日一问

这些问题包括：我喜欢我的工作吗；我信任我的员工吗；我的员工信任我吗；我了解我的员工吗；我鼓励了我的员工吗；我培训了我的员工吗。

欧阳寄语： 心在哪里，幸福就在哪里。

疑难与攻略 31：导购喜欢抱怨怎么办?

“真烦，今天公交车上好多人，又把我的新鞋踩脏了。”导购小白边换工服边抱怨。

“我也好烦哦，今天早上我又没赶上前一班公交车，打车过来的，一天的工资都搭进去了。”导购小章悻悻地说。

“店长说今天要检查我的工作，怎么办啊，我还没准备好呢！”新来的小张附和道。

还没上班，店里的气氛就已经很压抑，导购们心事重重，唉声叹气。

导购喜欢抱怨与他们年龄小，缺乏主见，易受环境影响有关。一旦导购将偶尔的抱怨上升成小团体的“茶话会”，就必然会影响门店的销售业绩，长此以往也会动摇店长的权威性。那么，店长应该以什么样的态度来面对导购们的抱怨呢?

先给大家看一个真实的案例：我大儿子对于作业的抱怨。

暑假的某一天，刚吃完早餐，儿子就跑过来问我："妈妈，我今天什么时候做作业？"

我说："你自己看着安排，今天是周末，下午要出去购物，晚上约好去爷爷奶奶家吃饭，回来后你还要游泳。所以，今天下午和晚上你没有时间做作业。"

儿子嘟囔："我今天不想做作业了。"

我告诉他："做作业是你自己的事情，不是我的事情。你自己完成自己该做的事，与我无关。所以，你不需要请示我。"

他见我有些生气，不情愿地在客厅沙发上翻来覆去："妈妈，每天都要做作业，我今天不想做了。"他自己拿不定主意，又不开心，郁闷得在沙发上折腾了十几分钟。

见他这样，我沉下脸来严肃地说："永远不要把时间浪费在犹豫和埋怨上。无论做什么事，想好了，该做的就去做，有怨天尤人的时间，该完成的事情早完成了。你每天把计划内的作业做完也只不过用二十分钟，现在你浪费的时间已经足够完成作业了！"也许是我说话的语气过于严厉，也许是儿子想要博取我的同情，他"哇"的一声哭了起来，边哭边偷偷从指缝中看我的表情。我清楚他打的是什么如意算盘，当作没看见，径直去了卧室。

孩子的哭泣是一种武器，尤其是在面对隔辈的爷爷奶奶、外公外婆时，是屡试不爽的法宝。此时，如果大人心软，走过去安慰他，便会有两种结果：一是事态扩大，他会继续大哭大闹、耍赖，哭诉他多么辛苦、多么委屈，迫使大人心软、妥协，答应他的要求；二是装模作样干哭几声，然后撒娇，极不情愿地让爸爸妈妈陪着他，安抚着他，看着他做作业，边做边委屈，最后慢慢吞吞、拖拖拉拉地做一两页意思一下。

所以，对于孩子的抱怨，父母不妨心狠一点，冷落他一下，让他自己觉得无趣，让他知道哭不是武器，不是法宝，没有任何作用。

大概两分钟后，儿子停止了哭泣，红着眼睛走进来找我，拉着我的手低声叫“妈妈”。我看了他一眼，轻轻抱住他，拍着他的肩膀，语重心长地说：“孩子，人一辈子会遇到很多不想做又必须要做的事。只有第一时间做好计划，快速地把它们做完，剩下的时间才可以做自己喜欢的事。如果总是在那里犹豫、发愁、埋怨，那你只是在浪费时间，到最后该做的事情没做，而该玩的也没玩，反而搞得自己很不开心，这是最不值得的。你一直是一个很棒、很独立、很懂事的孩子，妈妈相信你有足够的自控力，妈妈知道你可以很好地计划和安排自己的事情。所以，不需要妈妈说的太多，妈妈希望你自己能开开心心安排好自己，快速完成，然后开开心心去玩，可以吗？”儿子认真地点了点头。我会心地笑了，亲了亲他的额头，帮他擦干泪痕，关上房门出去了。

诀窍一点通：

“一手硬，一手软，胡萝卜加大棒”无论在教育方面还是在管理方面都是屡试不爽的法宝。要让员工明白，抱怨没有用，你也不会因为抱怨妥协他们。

锦囊一：乐观接受抱怨

抱怨是一种最常见、破坏性较小的发泄方式。导购认为自己受到不公正待遇或生活中遇到挫折时，就会向其他同事抱怨、诉苦。伴随着抱怨，可能还会出现工作效率降低等问题，有时甚至会因此拒绝执行领导安排的工作，破坏公司财产。当然，大多数导购的发泄只停留在口头，并不会产生过激行为。随着时间的推移、问题的解决，等导购的情绪平复下来，抱怨也会随即消失。

有时顾客也会向门店管理者或公司抱怨（即投诉）。但这并不是什么坏事，只有顾客抱怨了，管理者才能知道服务或商品的缺陷，才会有再次和这位顾客沟通、补救、挽回的机会。所以，我们应该感谢顾客的抱怨。

同理，门店管理者对于导购的抱怨也要保持这样宽容的态度。如果导购对公司或上级领导有意见而闷在心里不说，时间长了，很可能就是一个“定时炸弹”，搞不好既伤了导购自己，又损害了公司的利益。

抱怨具有感染力，可能刚开始只是某名导购在抱怨，但很快就会有越来越多的导购加入其中。这种现象并不奇怪，因为抱怨者在抱怨时需要听众（其他导购），并且要争取听众的认同，所以他会不自觉地夸大事件的严重性，并且尽力与听众的利益取得联系（为了获得认同）。在这种鼓动下，自然会有越来越多的导购偏听偏信，跟着变成“怨妇”。

所以，门店管理者发现有导购在抱怨时，可以找一个安静的环境，让他无所顾忌地把情绪发泄出来。此时，管理者所要做的就是认真倾听，导购愿意在你面前抱怨，你的工作就成功了一半，因为你已经获得了他的信任。

锦囊二：尽量了解起因

任何抱怨都有它的原因，除了从抱怨者口中了解事件的原委以外，门店管理者还应该听听其他导购的意见。如果是同事关系或部门关系产生的抱怨，一定要认真听取双方当事人的意见，不要偏袒任何一方。在没有了解清楚事情之前，门店管理者不应该发表任何言论，过早表态只会使事情变得更糟。

锦囊三：平等沟通

抱怨与性格的相关性可能要大于与事件的相关性。同样一件不公平的事情，不同性格的导购，情绪的波动程度有很大差别。有时我们会发现，在门店中总有几名导购尤其喜欢抱怨，他们对任何事情都有可能不满意，或者因为一件小事就大动干戈。喜欢抱怨的导购一般性格比较倔强，内向敏感。门店 60% 的抱怨都出自他们的口中。另外，有些刚刚踏入社会的毕业生也喜欢抱怨，承受不了一丝的不公，这可能与他们的成长环境有关。

一般来说，导购抱怨多为薪酬、工作环境、同事关系等问题，那么，门店管理者应该如何处理员工的抱怨呢?

实际上，导购 80% 的抱怨是针对门店中的小事或同事间的纷争。对于这些，门店管理者可以通过与抱怨者平等沟通来解决。首先要认真听取抱怨者的意见，其次对抱怨者提出的问题做认真、耐心的解答，并且对员工不合理的抱怨进行友善地批评。这样做就基本可以解决问题了。其余 20% 的抱怨是需要做特殊处理的，往往来自于公司管理制度或某些领导的工作方法问题。此时，门店管理者应该首先让抱怨的导购平静下来，阻止住负面情绪的扩散，然后采取有效的措施解决问题。

锦囊四：处理果断

需要做特殊处理的抱怨中有 70% 是公司管理混乱导致的，所以，规范工作流程、履行岗位职责、完善规章制度等是处理这些抱怨的主要措施。在规范公司管理制度时，应采取公开、公正的原则。让导购骨干参与讨论，共同制定好的制度，并向所有导购公开，这样才能保证管理的公正性，让导购心服口服。

当找到问题根源及导购目前的想法之后，管理者要尽快解决问题，消除误会。因为负面情绪会传播得非常快，直接影响该店所有导购的工作状态和业绩。

锦囊五：日常的灌输和影响非常重要

门店管理者，尤其是店长，在平日里要注意言传身教，积极灌输导购正面的思想及公司的优势和发展前景等。关心导购的生活及情绪，从个人感情上影响他们。使门店一直保持比较正能量的氛围，这样，即使出现问题也可以很快挽回。

锦囊六：团队中需要榜样

团队需要榜样来带领，所以，当导购团队出现纷争或对领导、公司不满时，管理者可以先找到最能服众的导购，晓之以理，动之以情说服他，然后以他为榜样，统一其他导购的思想和观念。

欧阳寄语：抱怨就像苹果篮里的一个坏苹果，一定要及时扔掉它。

第五章

导购的挽留
从何时开始?

在日常工作中，门店管理者很多时候会遇到导购突然辞职甚至不辞而别的情况。这是怎么回事儿呢？导购的挽留该从何时开始呢？实际上，留人从招人的时候就已经开始了。门店管理者只有跟导购多多沟通，找到导购心中真正关心的点，才能够“对症下药”。

有个服装行业的代理商老板曾经说过:“找个好导购,比找个男朋友还难。”

门店导购的流动性很大,有时候短短的几个月,一家门店的导购就焕然一新,让一些老顾客摸不着头脑,不得不重新和新导购磨合。

这种现象产生的原因有很多。

一方面,有些导购离职是因为到了适婚的年龄,工作几年后,组建了家庭,就必然会为自己的家庭付出更多精力,这种离职实属迫不得已;有的则是自认为自己能力很强,觉得有更好的工作适合自己。

另一方面,由于大部分导购都是年轻人,在长期的工作中难免会有一些小矛盾,很多导购在工作中总觉得事事不顺心,人人都针对自己,压抑的时间久了,工作的积极性和激情也会降低,开始琢磨另谋出路……种种原因导致了零售行业的导购一直频繁变动,来了又走,走了又来,门店管理者培养起来也非常困难。那么,到底怎样能留住这些导购,让他们长期留在门店呢?

这一章,我们一一阐述。

疑难与攻略 32：留人是从什么时候开始的?

零售经理小范早上刚到办公室，就看到桌面上放了一封信。“糟了，肯定又有员工要离职了。现在快年底了，很难招人，怎么办呢？”小范愁眉苦脸起来，拆开了信封。

尊敬的公司领导：

您好！

我因个人原因，申请离职，谨望公司予以批准。

二十五店员工 李小倩

××年××月××日

信封里面还附有一张填好的公司统一格式的《离职申请表》。

虽然只有寥寥几句话，却让小范心里压了块大石。

为什么呢？因为写这封离职信的员工，来公司才半年时间，准确来说是刚刚上手的新员工。好不容易培养出来一个，又要走了，这管理可怎么做呀？而且这个李小倩在小范的眼里，一直是一个挺低调、挺内向的人，她是小范亲自招聘进来的，不是那种喜欢跳来跳去的年轻人，这到底是怎么回事呢？小范实在是摸不着头脑。

不管怎样，还是得先和李小倩聊聊。

小范先打通了二十五店店长，也就是李小倩顶头上司的电话。店长说李小倩最近没有什么特别的事，他也搞不清楚李小倩离职的原因。下午下班之后，李小倩如约来到了小范的办公室。

诀窍一点通：

即使不是为了留人，员工的离职面谈也一定要做。因为在这个时候，你才有可能听到最真的话。

李小倩的回答让小范大吃一惊。

“范经理，其实跟您说实话吧，从我一进公司，我就没打算在这里长待。”

“为什么呢？我记得你当时入职的时候还是我面试的呢，当时你可是雄心勃勃啊。”小范疑惑地说。

“没错，当时是您面试的我，您当时对我描绘的公司前景和这里的工作环境我都非常满意，然后我对您的印象也特别好，所以我愿意留下来，从事这份导购工作。但当我来到店铺开始试用的时候，问题就出来了。我对店铺的第一印象就非常差。记得我第一天去上班的时候，很想和同事搞好关系，热情地和每个人打招呼，可是那里的老导购对我爱搭不理的。做销售的时候，店长虽然安排了一个师傅带我，可那个师傅根本没教我什么，让我做的最多的就是给她打下手，吆喝我做这做那。我一开始就觉得在那里上班可没意思了，不想做下去。可是我已经三个月没工作了，也不想就这样离职，所以就坚持到了现在。现在有另外一份更合适我的工作了，所以我就提出离职了。”李小倩毫不隐瞒，一五一十地把自己的想法全倒了出来，一副铁了心要离开的架势。

小范一下子明白了。他还想再努力一把，清了清嗓子，对李小倩说："我也非常遗憾，平时对你的关注不够，没有及时和你沟通，了解你的工作状态。对于你的离职，我是负有一定责任的。现在你的情况我大概了解了，主要是和店铺的同事沟通协作不是很理想。如果你还认可公司的话，我愿意尽量帮你协调，安排你到另外一家门店去上班，并且以后会和你保持良好的沟通。你愿意吗？"小范诚恳地说。

"这样啊，那我考虑一下吧，明天回复您好吗？"李小倩说。

"好的。希望你能够留下来，我看好你。"小范站了起来，诚恳地和李小倩握手。

挽留员工，要从什么时候留起？是从员工提出离职的时候吗？

且不去讨论李小倩最终的去留问题，我们先来回想一下，李小倩是从什么时候开始想离职的。案例中提到李小倩因为公司的发展前景，因为对面试官的认可，来到了这家公司试用，但却在试用过程中对同事和店长产生了不满，从此有了离开的想法。

公司的大好前景，对于员工来说是遥远的、不可触摸的，而真正影响员工的工作和生活，和员工息息相关的，是员工身边每天都要接触的同事、直接主管。他们都关系着员工在这里上班开心与否，是否愿意留下来。

在招聘现场我经常可以看到，很多面试官没有亲和力，居高临下地对待应聘者。即使应聘者在现场因为需要工作而不得不唯唯诺诺，但相信在内心也会对这个面试官，以及面试官所代表的公司的印象大打折扣。哪怕因为现实问题不得不先寻找一份工作，他的忠诚度和归属感肯定也会很低，等有了合适的机会，这类员工的不稳定性是最高的，会在第一时间离你而去，因为你没有俘获他的心。

锦囊一：面试官好印象

天津卫视有个求职类节目叫《非你莫属》，其中有一段招聘片段，曾在网络上引起过风波。

20多岁的“海归女”刘俐俐登台应聘，主持人姿态高傲，令整个场面颇具戏剧性。此视频在网上“病毒式传播”后，很多名人，包括姚晨、洪晃、马伊琍等在内的知名人士均转发且评论，矛头直指主持人。主持人在节目中的表现令网友们感到了“极度反感”，网友们很激动，对他一顿痛骂，甚至还有人挖出了他以前的节目视频，对他的“恶行恶状”进行集中展览。

主持人的表现此处暂不做评论，但在网友纷纷对此表示异议和批评后，天津卫视有关工作人员声称:“《非你莫属》在现场真实还原了一个职场应聘的过程，现实生活中的面试和职场竞争比节目要残酷得多。”他们说的其实并不全错，在真实的求职现场，求职者和面试官地位不对等确实是不罕见的。

一名具备亲和力的面试官，确实会为面试的成功率加分。而留人，也是从这个时候就开始了。

锦囊二：新导购对店长的第一印象很重要

面试官的好印象，只是留住导购的第一步。当导购真正来到工作岗位之后，与他接触最多，最容易影响他的是店长。所以，新导购对店长的第一印象很重要，对导购的去留，影响很大。

锦囊三：与导购保持频繁的沟通

与导购无时无刻的沟通，能帮助门店管理者及时发现导购是否有想要离职的苗头。

“卖点”和“买点”，既有相似的地方，又完全不同。卖点可能有很多，而买点只要一个就足够了。卖点是卖方关注的，卖方认为顾客会关注的点，但很多时候因为顾客的身份、地位、性格、环境的不同，关注的点可能完全不一样。所以，在销售过程中，找卖点，不如找买点，找不同类型顾客的需求点。

门店管理者在管理过程中也是一样。要多跟导购沟通，找到导购心中真正关心的点，才能够对症下药。

欧阳寄语：留人，从招人的时候就已经开始了。

疑难与攻略 33：销售主力以离职相威胁，要求加薪怎么办?

加盟商张姐近来遇到了令她头疼的事。

张姐白手起家，经历了几番挫折以后终于拥有了几家连锁零售门店。近年来，张姐考虑到门店的工作已逐步走向正轨，而自己的年龄也越来越大，所以，就暂时把门店管理工作交给了零售经理负责，自己开始休养生息，孕育下一代。随着张姐的小宝宝降生，她的门店却开始枝节丛生，问题层出不穷。张姐还没坐完月子，就被推回工作中。

一店、三店的几名销售主力纷纷递上辞呈，而在她火速招来零售经理询问内情的时候，零售经理告诉她，他们离职的真实原因是要求加薪，因为对薪水不满意，故以辞职相威胁。张姐意识到自己这一年来忽视了对门店的管理。以前她亲自管理门店的时候，从来不会出现这样的事情，导购们对她的评价很高，大家其乐融融。而现在导购们怎么变成了这个样子？张姐一方面为自己员工的转变痛心疾首，另一方面又为自己的失误懊悔不已。

这几位导购是各家店铺的销售主力，集体提出离职，事情非同小可。自己如果草率处理，必然会使几家店铺元气大伤。张姐考虑了一下，做出了决定。

首先，她决定把每家店铺的重要员工都请过来单独谈话，了解近况。

其次，她要对门店的工作进行改革。

最后，她召集了全体员工大会，对工作进行了展望和安排，并公布了改革后的制度。

我曾经在网络上看到一份随机的调查——想让老板给你加薪、升职，你会怎么做？调查显示，有将近40%的人想到了利用“伪辞职”来达到“真加薪、真升职”的目的。而与此相反的是，中华英才网日前公布的一份调查报告显示，从来没有向领导提出过加薪要求的人，比例超过一半。为什么大家普遍不与上司或相关领导讨论加薪问题呢？调查显示，近一半的受访者担心提出后会被拒绝，领导对自己会有负面情绪；约四分之一的受访者担心个人对自身评价过高，与领导对自己的印象有偏差；近一成的受访者担心被上司怀疑有跳槽倾向。

辞职，就像夫妻闹离婚。用离婚来威胁对方妥协，可以偶尔作为调节婚姻关系的武器，但不能经常使用。动不动就把“离婚”挂在嘴边，会影响夫妻对婚姻的信心。同理，即使下属是“伪辞职”，老板也会对其忠诚度产生怀疑。从此以后，老板会更加关注人才危机管理，提前做好人才储备，早日结束这种“同床异梦”的日子。留用你的时间则取决于你在公司和行业市场上的竞争力。

有意思的是，老板们也并不是排斥加薪。一位服装加盟商老板曾说过：“如果员工想加薪，最好在比较轻松的环境里，用开玩笑式的语气直接说明要求。”一家网络公司的老板则说：“提薪是严肃的事情，应该很正式地在办公室里谈，但要说得委婉些，这样我比较容易接受。”而且，他们表示如果是公司的核心员工，自己绝对会不惜一切代价，主动加薪或挽留。

提出加薪的方式有很多种，但所有方式的前提都是员工工作做得好，有实力。案例中的张姐显然是一位开明的老板。她在遇到这种问题的时候，没有一味地去埋怨这帮员工怎么只向“钱”看，而是从多方面了解事情真相，理性地解决问题。这是非常难得的。

锦囊一：切忌导购一提加薪就反感，抵触

其实，导购主动跟门店管理者提出加薪的要求，是需要很大勇气的。作为管理者，当导购提出这样的要求时，不要有成见，直接否定导购的工作态度，而要理性对待。

因为，在对导购精神激励的同时，物质激励也是必不可少的。以情感留人，也需要在物质满足的基础上。工资是导购不可或缺，赖以谋生的基础，要正确看待导购的加薪要求，而不是以此来武断评价导购的心态不好。

锦囊二：先查看薪资是否合理

要多方面了解情况，衡量本公司的薪资水平在同行业中处在什么位置，是否合理。要知道，市场是在不断变化的，时刻关注导购的市场行情和整体的薪资水平，对门店管理者和导购的沟通有很大的帮助，也可以让管理者更有底气。

锦囊三：了解情况后，帮导购分析，及时处理问题

如果经过调查了解，发现目前的薪资水平已经非常合理，导购纯粹是贪心，那么也要在了解清楚之后及时与导购沟通处理结果，并帮导购进行两面分析，列出目前导购的市场行情和整体的薪资水平，让导购知道领导是有理有据，多面分析过的，让他无话可说。除此之外，还要根据导购的实际能力进行分析探讨，给出综合意见，并帮助导购进行职业生涯规划，鼓励其进取。

如果经过调查了解，确实是本公司的制度已经落伍，不具备竞争力，不妨进行薪资改革。尤其是案例中的这种情况，大量主力导购提出离职，说明必然有问题存在。

锦囊四：不能让导购以此为借口，屡次犯规

不能让导购以此为借口，屡次重犯。在改革的同时，要让导购知道，调整制度是对实际情况的综合衡量，而非辞职威胁的效果。

欧阳寄语：留人，加心也要加薪。

疑难与攻略 34：导购离职时，带走其他导购怎么办?

“这个小李，也太没良心了。”销售经理王浩早上一到办公室就气急败坏，破口大骂。

业绩最好、面积最大的凤凰一店本是王浩最为之骄傲的一家门店，但上个星期，店里的小李因个人原因离职了，据说是被某个竞争对手高薪挖走了。本来店里有十几名导购，走一个两个一时半会儿影响也不大，赶紧招人，再协调一下，门店的工作还是可以正常运转的。但谁知小李不仅自己走了，走的时候还“蛊惑”其他导购，号称新老板慷慨大方，新的店铺工作轻松简单。这不，才两天，王浩已经陆续收到了两封离职申请书，今天一大早又看到了第三封，而这几个提出离职申请的导购，都是平时和小李的私交比较好，比较谈得来的。“真是一帮没良心的，说走就走，眼里只有钱。”王浩在心里嘟囔。但问题得解决啊，小李已经走了，也就罢了，不能就这样让店里的导购流失啊，没了导购谁来干活啊！王浩边叹气边给凤凰一店的店长打去电话，问那几名导购分别是什么班次，要跟他们聊一聊。

> **诀窍一点通：**
>
> 和导购沟通的时机很重要。刚发现店里的导购被竞争对手挖角时就应该与导购们进行沟通，尽量控制事态的发展。王浩等到三位导购陆续提出离职后才开始着急，未免太迟了。

先与王浩面谈的是小肖，下班后她来到了王浩的办公室。

“您好，王经理。”小肖小心翼翼地在王浩对面的椅子上坐下。

“嗯，不用跟我客套了，我看到你的离职申请书了。”王浩头也不抬，开门见山地说。

“哦，是吗？”小肖有点不好意思，脸上青一阵白一阵。

“别卖关子了，说吧，小李给你们许诺了什么好处？”王浩把转椅往后边一推，直视着小肖，问道。

“您说什么呀，王经理，我听不明白。我……我确实是家里有事，所以才提出离职……”小肖结结巴巴地解释。

“算了吧，”王浩不耐烦地摆摆手说，“你这套呀，蒙得住别人，蒙不住我。我早知道你们几个和小李鬼鬼祟祟了。小李不是刚跳槽了吗？是不是给你们说新东家多好多好，让你们也一起去呀？”

“这，王经理……不是像您想的这样……”小肖辩解道。

> **诀窍一点通：**
>
> 多给员工发言的机会，了解员工的心声，你才有挽回的机会，而不是一味展示领导的威严。小心物极必反。

“不就是我们的竞争对手A品牌吗？我对这家公司太了解了，他们的总监以前在我们公司干过，干了两年没出什么成绩，没办法才到A品牌混日子去了。他们的业绩比我们差远了。小李是不是跟你们说他们的待遇多好多好？我告诉你，我再清楚不过了，他们的压力也很大的，任务很高。完不成的话罚得很厉害，导购间抢单可严重了，钩心斗角。像你这么老实巴交的，到那里肯定受排挤。到时候让你哭都哭不出来。”王浩态度傲慢，以过来人的口气教训小肖。

窗外的雨滴滴答答，小肖的眼神也渐渐没有了光彩，只听到领导恨铁不成钢的声音一波又一波，不停地轰炸着小肖的耳膜。王浩自顾自地说了半天，突然发现小肖根本没在听，心思早不知道飘到哪里去了。“嗨，走神了是不是?有没有听我说啊?我告诉你啊小肖，不听老人言，吃亏在眼前，我都是为了你好。店里少你一个倒没太大要紧，但对于你的前途来说，这样的选择真的说不定会耽误你自己，你可要想好了……”王浩继续喋喋不休，做小肖的思想工作。

且不说王浩这次的沟通工作结果如何，小肖会不会如他所愿留下来，这几名导购是否会跟着小李远走高飞，只从案例中的情况来看，如果你是小肖，听了之后会有什么感受?

我们常说，留人不在此时，而在平时。至于留不留得住，全在导购的心。虽然不知道王浩平时的管理工作做得怎么样，但从王浩和导购这次的离职面谈情况来看，这种谈话方式，委实不太高明。

王浩本意是想让小肖分析清楚利害关系，不要跳槽，结果却变成了王浩在给小肖上“政治课”，而且言辞非常不注意分寸，很容易让人产生逆反心理。

锦囊一：平等沟通，充分尊重

一次良好的沟通谈话，绝对不应该是管理者一个人侃侃而谈，而应该是让导购多说话，管理者从言语之中揣摩导购内心的真实想法，然后才能对症下药。如果只是管理者一个人滔滔不绝，导购永远会觉得两人是站在对立的角度，而不是平等的角度或是中立的角度，并且在整个谈话过程中，不能给导购造成有他没他无所谓的感觉。案例中的王浩明显犯了这个错误，态度太过高高在上，没有客观地去分析问题，带有过多的个人感情。这些做法都不能挽留即将出走的员工。

锦囊二：如果导购去意已决的话，让他去，不必刁难

每个人的想法不一样，每个人的情况也不一样。如果导购去意已决，难以挽回的话，管理者不妨大度一些，让他去，不必刁难和训斥，把时间多花在下一步的工作安排上。

锦囊三：站在朋友的立场，做两面的分析

在挽留的过程中，管理者一定要把自己放在中立的位置，以朋友的身份帮导购做两面的分析，让导购自己看清形势，进行选择，而不是一味地贬低竞争对手，那只能让你的形象更加灰暗。

锦囊四：留人不在此时，而在平时

明确导购入离职制度，可以对导购频繁离职的现象有所限制，例如对投身竞争对手公司的导购，绝不给第二次入职本公司的机会等严厉的规定，让导购对轻易跳槽有所忌惮。另外，关键还得看管理者平常在导购管理上下了多大的功夫。导购在你这里，是身在曹营心在汉，还是全身心地投入到工作中，这完全取决于管理者。忠诚度和归属感有多高，决定着他们关键时刻的决定。所以，平时的工作很重要，会起到防微杜渐的作用。

欧阳寄语：留人不在此时，在于平时。

疑难与攻略 35：导购不打招呼，突然不来了怎么办?

店长小林觉得导购娜娜这两天不太对劲儿，神情恍惚，眼神愣愣的，一看就有心事，有时顾客走到她身边了，她才察觉到。刚开始小林还以为娜娜是前一天晚上没休息好，所以白天上班精神不集中，后来越看越不对，就忍不住问娜娜怎么了，但娜娜什么也不肯说。小林就放弃了，并自我安慰地想可能是娜娜最近情绪低落，过两天就好了。但就在小林和娜娜一起吃完中午饭的第二天，娜娜突然不来上班了。

这可是销售旺季，店铺正缺人手的时候。

起初，店铺里的人都以为娜娜是迟到了，后来一个小时过去了，人还没来，于是小林给娜娜打电话，连打了两遍，都无人接听。随后，小林收到了娜娜的短信："对不起，店长，我有事，不能在这里工作了，请原谅我不辞而别。"寥寥数语让小林大吃一惊。娜娜不接电话，了解不到真实情况，这怎么办呢？小林一方面紧急通知公司，说明情况，请求公司安排其他店铺的人来临时支援；另一方面赶紧找到了娜娜的好朋友。娜娜的朋友告诉小林，这两天她也发现娜娜不对劲儿了，也早问过情况了，不过娜娜不肯告诉她。但是这位朋友说："前两天，曾经无意中听到娜娜给家人打电话，当时好像是说她家里出了什么事情，需要她回去。”

诀窍一点通：

遇到导购突然不来上班的情况，管理者先不要发火，而应该在第一时间控制住局面，同时尽量多方面了解真实情况。

这让小林想起昨天是 5 号，是公司统一发工资的日子，娜娜可能早就想好了今天不来上班。但另一方面，娜娜也不是有意让店铺难堪，而是家里需要她回去，有可能是比较紧急的事情。按照公司的规定，不能一次性请那么长时间的假。娜娜如果长期不来就只能按离职处理了，但是离职也是要提前一个月书面申请的，现在显然来不及了。

在小林眼里，娜娜是个不错的女孩子。高中毕业后和同学一起来到这个城市打工，最初是在酒店当服务员，做了一年后，觉得服务员没有前途，又到人才市场去找工作，后来来到了小林的门店做导购，现在到店已有半年了。娜娜年纪轻，人也很单纯，属于很老实本分的那类导购。她和顾客沟通起来话不多，但反而因为沉静、温和、勤快，颇受一些顾客的喜爱。而且在工作中，娜娜也是最任劳任怨的一个。整体来说，在小林眼里，这是一名不错的导购，而且有培养的价值。

娜娜今天之所以不辞而别，也跟她经历少，遇到事情不知道如何处理有关。小林深悔昨天没有和娜娜再深入地聊下去，轻易就让娜娜的笑容和冷静骗住了，才导致了今天这种失控的局面。

考虑到娜娜的情况，小林还是想再争取一下。再三思索之后，小林给娜娜发了这样一条短信：“娜娜你好，我是小林姐。你加入我们团队半年以来，我一直觉得你是一名优秀的导购，我也一直为团队中有你这样的一员而感到骄傲。相信你一定是有什么不得已的事情，才选择这样离开。我觉得非常非常遗憾。无论你发生什么事情，只要我能帮上你的，我一定会全力帮你解决。希望再次听到你的声音，大家都很想知道你的消息。”

诀窍一点通：

导购也是人，尤其很多是没有社会经验的年轻人，要换位思考，给予理解，多给他们机会。

半个小时以后，娜娜的短信回过来了：“小林姐，我这样不辞而别让您措手不及，店里工作也受到了影响，但您却没有发火，跟我以前所在的酒店太不一样了。我非常惭愧，确实家里有急事，我妈生重病了，我不得不回去，但这不是三五天的事，所以，我不能去上班了。谢谢您对我的信任，我很内疚，也很惭愧。”

小林只回复了短短的一句话：“我很理解。方便的话，请给我电话。我会尽量帮你，相信我。”

十五分钟后，娜娜打来了电话，声音有些沙哑，还带着点哭腔，明显是刚刚哭过。她告诉小林，自己已经上了火车，明天到家。小林在电话里和娜娜进行了深谈，首先肯定了她的优点，让她感受到公司对她的重视和认可，给她自信。然后，总结她这次的行为对卖场和顾客带来的不良影响。小林哭着解释说：“这次必须回去，因为要照顾妈妈，可能十天半个月都不一定能忙完，我走了，公司反正也要招新人来补缺，我也没有工作机会了，所以干脆不辞而别。”

娜娜的事情小林跟上级主管和公司人力资源部门沟通后，考虑到娜娜以往工作表现良好，又没有处理过此类事情的经验，这次的行为才比较鲁莽，而且娜娜自己也认识到了错误，态度不错，家里母亲生病也是事实，可以按特殊情况处理。最终公司给出的结果是：该员工只要回来，公司会安排重新入职，继续留用。这次的离开，以自动离职处理，但要引以为戒。

> **诀窍一点通：**
>
> **特殊情况，可以申请特殊处理，给员工一条后路，同时也给自己一条后路。**

案例中的情况在零售门店中并不鲜见。所以一到发完工资那几天，或者一到新年前后，很多门店管理者都很紧张，脑子里绷着根弦。年后导购能不能如数到岗？这是许多店长担忧的问题。

案例中的娜娜因为家里母亲生病，要回去照顾，知道无法在公司规定的时间内回来，所以鲁莽地不辞而别了。实际的工作中，也有一些导购和同事闹别扭，想不开，说不来就不来了；还有的导购找了另一份工作，所以就不来了。但这种突然不来了的背后往往还有一个原因，就是怕没有按照公司的规定提前一个月提出离职，公司不批准，干脆不辞而别，领了上月工资就走。

为了避免这种情况，很多公司也做出一些对策，例如拖延工资发放时间。本来 5 号就要发上月工资的，改为 15 号，甚至是 20 号发工资。这样，有半个月以上的本月工资压在这里，员工就不舍得突然不来，否则就白白地损失大半个月的工资。这未尝不是一种方法。但在使用这种方法之前，应该考虑的是怎么避免这样的问题，或者让这样的问题变坏为好。

案例中的娜娜本身就是一名不错的导购，因为家里有特殊情况，需要即刻离开，而自己又比较单纯，阅历浅，才做出唐突的事情。这种情况，给她一个机会未尝不可，等她把家里的事情解决之后，再次入职。相信在她心里，以前的老东家肯定是她的首选。这样一来她避免了颠簸劳碌寻找工作的辛苦，公司也避免了筛选、培养新人的麻烦，直接有一位熟手上岗，何乐而不为呢？况且经历了这桩事情之后，娜娜对工作也会更加尽心，双方的信任度也会增强。

对于那些确实对工作失去了信心，对公司失去了感情，坚决要离开，甚至恶意辞职的员工，当然就不用像对娜娜这样人性化，完全可以“杀一儆百”，严重警告，也给其他的员工一个警示。

锦囊一：先了解，再处理

了解事情有没有缓和余地，帮导购解决困难。

因为年龄小，经历少，在一些新导购眼中无比严重的事情，也许对于门店管理者来说只是小菜一碟。但作为管理者，我们不要轻易放弃任何一位员工。因为在现在的终端市场中，优秀的、合适的导购很难找。管理者的轻率决定可能会让自己损失一名未来的精兵强将，而在这名未来的精兵强将背后，代表的是业绩，是利润。

锦囊二：对事也对人

门店管理者在管理时要一碗水端平，公平公正。其实，所谓的对事不对人，原则上没错，但在实际的管理工作中，很多时候并不一定是适用的。门店管理者要看事情的本质，也要看当事人的动机。事情是否有可以原谅的理由，是否考虑到当事人处理事情的经验和能力，以及后期的态度如何。遇到特殊情况，未尝不可以提请公司商讨，特殊处理。

锦囊三：学会管理导购的期望值

期望值是一个很奇妙的东西。有些时候，成也期望值，败也期望值。

门店管理者在工作中要学会管理导购的期望值。人的欲望会不断膨胀，期望值也会水涨船高。如果管理者一开始就很关注某名导购，让这名导购对他有了期望，一旦哪天关注和特殊待遇少了，导购马上就会觉得自己受到了冷落，从而有了情绪，甚至远离管理者。

欧阳寄语： 给别人一个机会，也是给自己一个机会。

疑难与攻略 36：导购来了又走，流动频繁怎么办？

“终于把人招齐了，可算能松口气了。”加盟商荆小姐长长地嘘了口气。

荆小姐是一家外企公司的外贸部经理，也属于“白骨精”（白领、骨干、精英）一类，英语流畅无比，特别擅长跟外国人做生意。前途一片光明的荆小姐近来心血来潮，也来搞了个第二职业，开了一家家居饰品店。但因为荆小姐本职工作已经很忙，所以不得不招聘人手来管理店铺。

这家小店虽然不大，但是现在零售门店的导购都很在意工作时间，所以出勤也是按半天班走的。一个班一个人，加上店长，算起来也需要三个人。但店铺开了两个月了，人手还迟迟不到位，现在荆小姐才知道招个合适的人有多难。因为招不到人，她经常不得不自己顶岗，耽误了本职工作，没少被上司批评。“现在人终于招齐了，我可以安心回去工作了，这下省心了。”荆小姐暗暗松了口气。

终于全身心地回到了自己的工作岗位，之前耽误的工作像大山一样压过来，荆小姐应接不暇。还没来得及喘口气，又一个坏消息传来了：刚刚招来的新员工不辞而别了。荆小姐火冒三丈，把店长训斥了一通。现在哪里有时间去招人？只好让店长和另一位员工各上半天班，每个班一个人。但一个人根本忙不过来，人手一时半会儿又找不到，一个星期之后，另一位员工也离职了。幸好荆小姐的堂妹刚大学毕业，暂时没找到满意的工作，来店里帮她了。

荆小姐的堂妹到店没两天，店长因为和荆小姐的堂妹性格不太合得来，发生了一些冲突，也提出了离职。这可怎么办呀？荆小姐刹那间觉得头大，看来开个小店，当个小老板，赚点儿钱，真不是想象中那么容易啊，怪不得人家都说："一名优秀的职业经理人，不见得是一名优秀的创业者。"有些人更擅长把1做成2，而不擅长把0变成1。

> **诀窍一点通：**
>
> **每个人都不是万能的，老板也一样。必要的时候，一定要学会借用员工的力量。**

感慨归感慨，该做的事情还是要做的。这是自己的店，投资了几十万元下去，总不能撒手不管，这么快就关门大吉，那几十万不就打水漂了吗？问题总是要解决呀！想到此，荆小姐突然想起了自己的MBA同学邱文，她可是门店管理的专家，一直在企业抓零售管理方面的工作。于是，荆小姐拨通了邱文的电话，约老同学出来坐坐。

"恭喜恭喜，荆老板，还没祝您开业大吉呢！"一见面，邱文就俏皮地拱了拱手，调侃新老板荆小姐。荆小姐苦笑了一下："得了吧，大姐，别笑话我了，我现在是哑巴吃黄连，有苦说不出啊！"邱文笑眯眯地说："就知道你请我吃饭肯定有事，肯定是有求于我。说吧，让本小姐先听听。"荆小姐叹了口气，把情况一五一十讲给邱文听。邱文频频点头，似乎对这些事一点儿也不意外。荆小姐不禁有些好奇："是零售门店都会有这些麻烦事，还是我这个老板特别悲催？"邱文看着荆小姐脸上因为压力太大而新冒出的痘痘，忍不住笑道："是零售行业的人都悲催好不好？你呀，以前是跟外国人打交道惯了，直来直去，没想那么多。在国内做生意，管员工，可没有那么简单。"荆小姐一听来了劲儿："是吗？那你说，我现在该怎么办？我都要愁出鱼尾纹了。"

邱文喝了口水，清了清嗓子说："这话说起来就长了。在我们零售行业，因为门槛低，很多员工本身年纪也轻，各方面基础都比较薄弱，对自己也没有明确的目标和追求，本身流动性就比其他行业要大。"

"那你说我没救啦，只有自认倒霉啦？"荆小姐着急地说。

"那也不是。在零售行业，相对稳定的也不是没有，关键还是看你怎么管，怎么用这些人。"邱文慢条斯理地说，"你听说过 ××× 火锅店吗？他们在海外开店之前就成为哈佛商学院的经典案例了。"

"知道知道，听说过但没去过，早知道今天就去那里吃饭了。"荆小姐连连点头。

"××× 火锅店的员工也基本上都是农村来的，基础也都很薄弱，但他们的服务都很好。之所以有这样好的服务，和他们的管理大环境是分不开的。而且很多老员工对公司忠心耿耿，别说流动了，有些核心员工别人高薪都挖不走。"邱文不经意地边吃边说。

诀窍一点通：

当你对员工付出到一定程度时，员工自然会回报你。

"他们都是怎么做呢？"荆小姐好奇地问。

"对员工下功夫呗。比如他们会每个月给一些员工的父母寄钱，这个可是打的情感牌啊，每个月给员工父母的钱不多，但是情却很深！你见过哪个公司给员工家人发钱，问候家人的吗？好多 ××× 火锅店的员工说店铺已成为他们的第二个家，为家里干活能不全力以赴吗？再者，××× 火锅店一切以能力为标准。老板的亲弟弟来了，干得不好也得走人，没有任何优待。再有功劳的老导购，触犯公司规定了，一样开除。公平竞争，让他们知道：努力干活有奔头。"邱文说道。

“那真的不错，可咱现在规模小，一个小店，没那么大实力，也没那么多人力物力，你说我眼下最需要做什么呢？”荆小姐问道。

诀窍一点通：

多学习其他企业的做法，虽不能照搬，但一定有启发。

“你呀，别急，道理是一样的。麻雀虽小，五脏俱全，都一样。你的店长不是还没走吗？第一步就是先把店长留住，找她谈话，搞不好她是以为你堂妹去了，你们是自己人，以后就不信任她了，所以才辞职的。你呀，赶紧放下你那外企高管的清高劲儿。老板有时也要谦恭一些，因为你要表示出你的诚意。人家李世民还老被魏徵噎得一愣一愣呢，你这老板也不要太高高在上了。好好跟店长聊一聊，表示你的器重，多给她一些权限，再从私人感情上感动一下她。人嘛，你敬我一尺，我敬你一丈。现在正是你用人的时候，你不先网罗两个信得过的心腹，又不经常在店里，生意还怎么做？”邱文指点道。

“嗯，嗯，没错没错。”荆小姐连连点头，“那下一步呢？”

“既然你请了店长，也认为这店长不错，想留，就不要把所有的工作都自己全揽了，可以让店长发挥一下，可以在门店贴招聘海报，或者让店长推荐人，干吗招人的事非你一个人全揽呢？你那么忙，自己还有工作，哪里有那么多工夫？你要实在招不到新人，我这边也帮你留意一下，推荐个人过去还是没问题的。”邱文轻描淡写地说。

“哎呀，亲爱的，太感谢你了，你可是帮了我的大忙啊！”荆小姐眉开眼笑，抓住邱文的手说。

“先不要谢我，人可以找到，但找到之后怎么用就看你了，要对员工多关注，多下点功夫，别回头又抓不牢，‘煮熟的鸭子又飞了’。”邱文打趣道。

“嗯，你放心，这下我要好好留意了，这管理还真是门学问，比学外语难多了！以后我真要经常请教你。”荆小姐由衷地说。

一边是门店管理者抱怨导购队伍难管，流动性高，忠诚度低；一边是导购抱怨公司没有前景，管理不善，分配不公，纷纷跳槽，而维系这两端的是管理链条。你的管理链条是否环环清晰，根根使力？导购到底应该怎么管？

尤其是在销售团队新组建、新老交替、突发重大变故时，这种人员流动频繁的情况就更加常见。原因是什么呢？很大一部分导购不会把这份销售工作当作自己的终身职业。比如我们小时候都写过一篇作文：《我的理想》，很多人的理想可能是科学家、医生、外交官……虽然长大成人后真正能成为这样的人的毕竟是少数，但也鲜有小孩说自己的理想是做一名优秀的销售人员，做一名导购。这是因为，长久以来的社会环境和偏见，已经给孩子戴上了一副有色眼镜，觉得销售人员、服务人员是伺候人的、是不光彩的。长久以来，没有人愿意把其当成终身事业去奋斗。但社会发展到今天，有越来越多的人认识到销售工作的重要性，以及它对人的磨炼。在这个过程中，作为门店管理者，需要做的工作有很多：引导这帮年轻人，帮他们做好规划，制定明确的目标，自动自发地努力。

终端店铺流失人才的原因主要有以下几个：

- 工作的时间长，每天工作 12 个小时，没有自己的私人空间；
- 一些年轻导购持有这样的工作态度：我先找一份工作吸取经验，然后再到其他大品牌工作；
- 导购太有个性，不能接受别人的批评，一批评就走人；
- 导购感觉店铺的生意太清淡了，在这样的工作环境中感觉没有冲劲儿，不想干；
- 到了生育的年龄，没办法。

即使是导购，也可以有明确的职业生涯规划。而门店管理者给新导购必上的一课就是描绘其发展远景，并在工作一段时间后帮助他们进行职业生涯规划。

例如，导购可以分为以下几个等级：

一星导购——一般是新手，也就是试用期的导购。这个时期他们对门店销售工作贡献不大，而且很多时候处于负贡献的状态，因为店铺要派人力、物力来辅导他们，他们要跟着优秀的导购学习。

二星导购——试用期转正之后的导购。这个时候他们已经可以独当一面，独立接待顾客，解答顾客的疑问，也开始为店铺创造收益。

三星导购——正式导购中的资深人员，他们的业绩和工作态度都能成为其他导购的表率，综合表现也够优秀。一般情况下，三星以上的导购，才能带徒弟，也就是有教导新人的资格。

四星导购——总有那么一部分导购不愿意做主管，不喜欢当领导，也不会管人，只喜欢做销售，卖东西，而且销售业绩还足够骄人。对于这种销售高手，不要为了留住他们而勉强提拔他们，让他们做管理。这样往往会赔了夫人又折兵，什么都做不好。还不如让他们安守自己的岗位，做自己最喜欢的销售工作。当然，为了留住这种销售高手，他的级别肯定应该是四星甚至以上了。

五星导购——五星导购的薪水不见得比店长低，但因为其不适合做管理，而被定位于另一金字塔的顶尖。这种导购，是你的核心员工。他们不只是业绩卓然，更因为其良好的工作态度对团队无形的影响力和树立的榜样，让你由衷赞叹。

诀窍一点通：

适当运用员工分级，公开薪资晋升标准，会让员工有目标、有企图，不再盲目地看不到前方。

而同时，作为门店管理者的你，不妨规定：当一名导购被辞退或因为对手公司挖墙脚自己走掉，他就再也没有第二次机会进入本公司工作，哪怕能力再强也不行。

这种制度看似残酷，其实对提高导购的忠诚度非常管用，能够最大限度地防止优秀的导购被竞争对手公司轻易挖走。因为事实证明，总有一些离职的导购在对比多家公司优劣后，认识到最好的东家还是自己的老东家，可是自己没有珍惜。这种情况对其他导购的教育作用是最大的，震撼人心、发人深省的。

除了这些管理上的条款之外，作为门店管理者，一定要明白制度留人和情感留人始终密不可分，因为在中国特殊的管理环境中，"情"始终占有重要的地位。中国人都重感情，尤其是这些身处一线的导购伙伴们。他们年轻、感性，他们不是不愿意付出，而是很在意有没有让他们心甘情愿付出的环境。以身作则，给你的导购能力范围内的帮助，把他们当作自己的朋友、亲人看待，关心他们的生活，了解他们的心思，你会发现他们其实非常可爱。遇到什么事情，只要在不违反公司原则的基础上，完全可以尊重他们的观点，以商谈方式解决问题，而不是命令。面对这种朋友、亲人般的关系，导购即使离开这个团队，也会怀念，给予暗中帮助或支持的。具体留住导购的方法如下：

- 对导购多一点关爱；
- 在工资方面比同行业其他店铺要有优势；
- 在招聘的时候尽量找一些没有家庭负担的人。

那么究竟如何对待导购，才能真正留住他们？其实要留住导购不是在他们即将离开店铺，做离职面谈时提出挽留，而是在导购进店工作的第一天开始就要留住导购，那么究竟有什么方法可以让导购对店铺有归属感，以自己是店铺的一份子而感到自豪呢？秘诀如下：

- 招聘时要选择住址离店铺较近，没有家庭负担的人：这样的人能很快进入工作状态，工作起来也比较轻松。

• 把握“第一感觉”：在导购进店工作时给予他们一种亲切、和谐的感觉，感受店铺工作环境的轻松、愉快。

• 建立相互间的信任：“委任就是信任，监控就是爱护”，清晰地向导购讲述店铺的规章制度，明确分工和责任，让导购对店铺及自己的工作有清晰的认知。

• 人性化管理：管理者自己要以身作则，处事公平公正，真正起到带头作用。

对于导购犯的错误，门店管理者要学会引导他们走向正确的方向，而不是一味地指责。但如果重复犯三次同样的错误，管理者就要警惕了，因为这牵涉到导购工作的态度问题。

对待导购优秀的工作表现，要及时表扬，将他们的优点最大化。

善于观察导购的一举一动，在实际工作中发现他们的优点和缺点。遇到导购在工作或生活方面有困难时，门店管理者应当充当一名好的聆听者，与导购聊天，帮助他们解决问题，并给予关爱。善于发现导购的特长，鼓励其将特长传授给其他同事，同时给予他们展示自己特长的机会与合理的福利待遇。

所以，你是雇用了他的手、他的脑，还是他的心？若导购只出力，不尽心，管理者做的实际上是亏本的生意。

锦囊一：尊重是管理的基础

“你敬我一尺，我敬你一丈。”给予下属足够的尊重和关爱，他们会加倍地回报你。

作为一位领导者，只要具备领导的魅力，下属也会崇拜你，喜欢你，把能够与你一起工作视为一件乐事。领导魅力的形成应建立在以下几方面：

对工作有高要求

每个人未发挥出来的潜能都很大，而这些潜能可以通过一些高的目标激发出来。一位有魅力的领导者，通常都具备“宁可因目标高而脖子硬，也不要因目标低而驼背”的领导风格。

对导购行为有高要求

在工作当中，导购身上可能会有一些不好的习惯，而这些不好的习惯要通过较高的行为要求标准来打破、重塑。

对下属关爱

发自内心的关爱会使导购感觉很温暖，感觉很真诚，但过分的关爱会使导购对管理者过分依赖。因此，在关心导购的时候，管理者要根据不同的情况适当关心导购。

以身作则，勇于承担

只会要求导购，不懂以身作则的管理者，得到的只是员工怕，而不是服。一位有魅力的领导者应当对事情肯担当、肯负责、处事公平公正、能及时解决部门问题、敢于创新，这样才能让导购敬佩。

锦囊二：沟通是管理的渠道

许多导购离职时与人事部沟通，常常抱怨公司存在内部沟通不畅，店铺与店铺之间相互不合作，导购间相互推卸责任等问题。

不论是在店铺内部还是店铺与店铺之间的经验交流和分享都是很重要的，营造良好的工作氛围不只需要上司关心下属，也需要导购之间互通经验。这些经验包括店铺发生突发事件时该怎么及时处理、店铺导购与顾客沟通方法的探讨、店铺与店铺的工作衔接、培训教育案例的分享，等等。

管理者要尽可能利用一切机会多和导购有效沟通，走入他们的内心，才能知道他们想要什么、关心什么。具体做法可以是：利用集体活动；利用集体会议；利用沟通；利用互助帮带。

锦囊三：原则是管理的手段

公司推行的制度，一旦制定下来就不要随意改动。稳定的机制，稳定的政策，在大方向不变的前提下，门店管理者在执行过程当中，对岗位的设置和人员职能问题需做相应的调整时，须与人事行政部门共同商议，共同落实需修改的内容，在新制度或新政策推行的过程中，制定相应的导购培训期和店长经验传授期，与导购共同适应、实施新的制度。

相应的原则，也就是相应的体系和制度要有，但并不是生搬硬套的，不是随便一个制度拿过来就可以完全抄袭，要根据企业目前的规模和现状，找到最适合企业的模式。模式可以借鉴，但不能抄袭，因为没有两家完全一模一样的企业。

锦囊四：观念是统一思想的法宝

常常听到导购说："在这里做得不太开心，想换工作。"

有些导购因为年纪轻，不知道自己的目标和追求是什么，跳槽、尝试新环境也是很正常的事情。但是，换个工作就可以解决一切问题了吗？就可以开开心心，得到上司赏识吗?

一些导购频繁跳槽，结果越跳越差，职业生涯越走越窄。如果你工作的第一家门店不顺心，跳槽到第二家，正常；如果在第二家工作也不顺心，再跳槽，也正常；但如果频频跳槽仍遇到问题，而且是类似的问题，那你就应该好好反思，到底是自己的问题，还是环境的问题。答案多半是问题在自己身上。所以，先解决自己的问题，再去埋怨环境的不足。当你变成了最好的自己，自己也就得到了最大的成长。

在日常和导购沟通交流时，要把这些观念多灌输给导购，影响他们的一言一行，使其思想统一，观念一致。那么，工作起来就容易了。

欧阳寄语：至远者非天涯而在人心，至久者非天地而是真情。

疑难与攻略 37：如何避免离职导购带走老顾客?

简素是店里的销售高手，服务意识很强，人也很聪慧，性格温柔，每天都是一张笑脸，很会沟通，说话让人打心底里觉得舒服。顾客都很喜欢她，说她情商很高，就像“志玲姐姐”。只要是她服务过的顾客，就会对她产生很深的印象，经她手的顾客也往往每次都购买大单，继而成为店里的铁杆老顾客。

这些老顾客忠诚到什么程度呢？只要是简素给顾客推荐的商品，成交率都特别高。这还是其次，有的老顾客还请简素喝茶，就是为了和她多聊聊天。还有的老顾客热心地帮助简素介绍男朋友。要说客情关系做到这一步，简素也是够厉害的了。

但天下没有不散的筵席，前不久，由于种种原因，简素离职了。偶尔有导购离职是门店最常见的事情，可是简素离职以后，大家发现问题出现了，很多老顾客都跟随简素走了，尤其是几个大客户，简素到哪里，他们就跟到哪里，这让店铺导购的士气很受影响。

毋庸置疑，简素是一名很优秀的导购，至于简素因为什么离职，这个章节就不讨论了，我们要讨论的是当事情已成定局，老顾客都追随简素而去之后，这种情况，门店管理者应该怎么办?

首先，导购和顾客关系好，是好事，但如果好到这个地步，完全不受门店的控制，那局面难免就会失控。一旦导购出现任何异动，门店就会面临大的动荡。遇到这种情况应该怎么办呢?

对此问题，大家也都各出奇招。

不少公司会给门店配备专用服务手机。导购和顾客联系时，必须使用店铺公用的手机，这样老顾客的电话号码和联系信息就都在门店统一的服务手机中，一来可以掌控所有老顾客的联系信息；二来可以避免员工用自己的手机维护顾客，造成案例中的现象。

而事实是，如果导购都用店铺服务手机维护 VIP，他们离职时，就带不走 VIP 吗？答案其实是“不一定”。

一般情况下，导购离职后，能跟着被带到别的品牌的顾客，只是那些和他关系很好的。这样的顾客数量当然是不多的，但往往是店铺的常客，更是大客户，因为来店的频率和消费力都比较高，才会和导购有更多的交流机会，互相熟悉才会产生信任感，从而感情越来越深，甚至成为朋友，以至于在导购离职后，还愿意去新环境帮助他、支持他。这些顾客，还需要店铺的服务手机吗?他们认的不是一个手机号码，而是人。如果导购不在这里工作，他也可以在临走时告知顾客，或者把顾客的号码偷偷抄回去，私底下和顾客联系。能带走的顾客，怎样都可以带走；而带不走的顾客，怎样也带不走。

一方面，门店鼓励导购和顾客拉近距离，建立感情，多维护、多交流，用情感服务留住顾客；另一方面，物极必反，又会出现导购和顾客感情维护得特别好，甚至因为导购个人的因素影响顾客选择购物的门店的情况，这时，我们应该怎么办呢？与其到时候才解决这个问题，不如先预防这个问题的出现。

锦囊一：顾客信息公开化

VIP 顾客的个性化信息，尤其是一些大客户的资料，数量是有限的，门店管理者可以要求导购们时常进行分析探讨，公开 VIP 资料，方便门店更多人了解并接待好顾客。

锦囊二：VIP 店长服务制

当一位顾客的购买次数开始增多的时候，店长要参与进来一起服务和互动，让这名大客户在店铺内有两个或两个以上的熟人；店长要做的，就是带动全店人员将顾客的资料和以往购买情况熟悉透彻，尽量让顾客感受到服务没有变化，从而促成其再次消费。

锦囊三：服务分享学习化

很多时候，大客户放弃原品牌，是因为熟悉他的店员离职后，他在原店铺享受不到以前的服务，甚至没人能推荐给他满意的衣服，心里产生了极大的落差感。我自己也有过类似的经历。之前，在我家附近，同一中高端女装品牌开了三家店，分别为步行五分钟、十分钟、二十分钟的距离。同一品牌，同样商品，这三家店我均有消费过，他们也都留有我的电话，但我去最远那家门店购物的概率却最高。

原因如下：

联络多

这家店固定有一个女孩和我联络，频率很高，且电话短信技巧不错，让人不会忘了她但又不嫌烦，所以我一想到购物就自动先想起她的名字，而其他两家店虽也有联络，但常换人且联络频率低，我至今记不住他们。

陈列搭配好

这家店的陈列是三家店里最好的，看橱窗就有感觉，且搭配师功底不错，沟通起来不费劲，效率极高，可以共同迸发出奇思妙想。而同样的单品，另两家搭配的很难让我入眼。

改衣师水准高

买衣服，尤其是职业装，裤长袖长，少不得修改。这家店专用改衣师水平一流，手艺精湛，让人安心。

细节入微

这点我的孩子最有发言权，对顾客随行孩子的照顾到了极致，代陪玩，代买零食，送货上门，解决一切后顾之忧。

……

同一品牌，同样商品，顾客体验却不同，业绩亦不同。

后来，那个熟悉的导购被调到了其他门店，我再去这家店消费时就觉得不太对劲儿了，因为其他导购完全不熟悉我。以前预约好时间，一进店导购就熟门熟路，热络招呼，而且提前就已经把我可能会喜欢的衣服一套套配好，专门放在一个挂通上，我的购物体验感和愉悦感自然就好，因此每次成交十件八件都是再容易不过的事情。现在一进门，导购都不认识，推荐也摸不着北，总是买不到合适的衣服。又因为这家店本身距离我家稍远，所以现在已经几乎不去了。

此时，并非是导购带走了顾客，而是店铺应该反思，怎样才能让顾客享受到一如既往的服务，让顾客还有理由继续选择你的门店。

锦囊四：消费频率勤关注

一个大客户几年消费下来，会有数据呈现，如有些大客户每年消费十二次，有些大客户每年消费二十多次，你要在差不多的时间里让他来消费，在他忙的时候，送货上门都要把他的购买频率保持住，因为一个客户的购买次数越来越少，就说明他要慢慢地流失了。

同时，作为公司总部的客户服务人员，观察到下行趋势出现时，要给店长打电话提醒维护，有必要的话还可以亲自给顾客打电话，询问店铺的服务情况，同时表示愿意做出改进，与此同时可以从公司寄出小礼品。这样，公司和店长同时进行客情维护，有利于增进与顾客的感情，防止顾客流失。

欧阳寄语：老顾客不是离职员工带走的，而是门店自己赶走的。

疑难与攻略 38：如何辞退员工?

每年的三月，公司都要进行一次“大换血”，补充新鲜“血液”，优胜劣汰。每家店铺都会有新导购入职，然后在三个月试用期的过程中，择优录取，不合格者则予以辞退。

每到这个时候，扬子都有些心神不定，虽然作为一名优秀的店长，她非常清楚每年都有一次这样的调整，而且这样做对公司、对店铺都是利大于弊。但在辞退导购的那一刻，扬子总是难以开口。

这不，销售经理又把任务交给了她。店铺的新导购李舟试用期表现平平，需要予以辞退。在试用期期间，李舟已经连续两个月都没有完成试用期导购的销售任务了，最后一个月也只剩两三天了，照这样下去，李舟是不可能完成试用期销售任务的。与李舟相比，和她同时试用的阿岚就要好很多。

扬子对李舟其实比较有好感。这个女孩子是北方人，五官端正，高高大大，很能吃苦耐劳，性格也非常单纯爽朗。但不知道是否是因为学计算机专业的，被理性的东西束缚住了，在销售上迟迟上不了手。扬子使出浑身解数来带李舟，无奈这丫头太过直率、不善于观察、一根筋，三句话不到就把顾客吓跑了。虽然扬子和其他导购提醒了她多次，想要帮助她改进，但成效不大。

得到销售经理指派的任务之后，扬子把思路理了一下。由于今天是李舟妈妈的生日，李舟一早就兴致勃勃地去筹备妈妈的生日了，所以扬子准备第二天再约李舟面谈。

面谈的时候当然不希望被别人轻易打扰，于是扬子把地点选在了店铺的库房。那天李舟上晚班，晚上客流也比较少，扬子就在下班前一个小时约李舟在库房面谈，并吩咐卖场的同事没事尽量不要打扰她们。

李舟显然没有任何思想准备，还以为扬子是和她例行沟通，一进库房就打趣说："老大，今天有何指教？"扬子微微笑了一下，让李舟坐下，说："今天我和你沟通的话题比较严肃，我也希望大家能够敞开心扉。"李舟受了扬子严肃态度的影响，"嗯"了一声，规规矩矩地坐在了凳子上。扬子说："舟舟，你到店铺也有将近三个月的时间了，你对自己这段时间的工作如何评价？有什么感受呢？"

诀窍一点通：

用倾听员工心声的方法开场，先征询员工自己的想法，未尝不是一个高招，这样可以让你更全面地了解员工的内心，同时可以更好地应对员工。

李舟沉思了一下，说："这三个月我学到了很多东西，虽然以前没做过销售，但现在才知道做销售原来有这么多学问，从你和其他同事身上，我学到了很多。我自认为工作也很努力、认真，这几个月也都是尽心尽力，早来晚走。我很喜欢我们店铺，也很喜欢我们的品牌，我相信自己以后会做得更好。"

扬子说："舟舟，其实我今天也是想对你这三个月的试用期工作做一个总结。从个人感情上来说，舟舟，其实大家都很喜欢你的性格，单纯、善良、爽朗，私下里大家也都很愿意成为你的好朋友。但是在这三个月中，虽然我和其他同事做了很多努力，一直在尽力帮助你，但最终我们发现，可能你应该有更好的发展方向，目前的工作并不太适合你，也没有把你的优点展现出来。”

> **诀窍一点通：**
> 在总结员工表现的时候，管理者一定要先对员工的优点予以肯定，然后再去剖析他的问题，这样员工才更容易接受。

李舟一听急了，说：“怎么会呢？我觉得我很喜欢销售这份工作啊，而且我也一直很努力地在做。虽然现在我的业绩不理想，但相信我以后一定可以的，店长，你再给我个机会吧！”

扬子拍了拍李舟的肩膀，说：“我很欣赏你乐观的性格，也希望你以后不管做什么工作，都能保持这种良好的心态。其实我已经给过你很多次机会了，公司的规定你也非常清楚，试用期三个月完不成销售任务，是要被辞退的。”

> **诀窍一点通：**
> 有理有据地列出辞退的理由。

“其实这对你来说这并不一定是件坏事。因为如果你执意要从事自己并不擅长的工作，反而会误导自己，让你离自己应有的目标越来越远。即使你不做销售，也还是有很多其他的路可以选择，而且说不定经过一段时间的历练之后，你还有可能再次应聘，加入我们公司呢。希望你一切顺利！”扬子语重心长地说。

> **诀窍一点通：**
> 辞退之后的再鼓励，给予员工信心，稳定情绪。

李舟低头不语，许久之后抬起头来，噙着眼泪，看着扬子说：“虽然我早就想到有这个可能，但我一直还是心存幻想，也在努力用其他方面的表现来弥补销售方面的不足，因为我很想拥有这份工作。今天你这样跟我说，我还是一时接受不了。但公司有公司的规定，我也知道大家对我帮助很多，做了很多努力，现在我走也是应该的。跟阿岚比起来，如果我是老板的话肯定也愿意用她。按公司规定，离职程序怎么走？我跟你去办手续就是了。不管怎样，还是谢谢你，店长，其实从你身上我学到了不少东西。我相信这些对我以后的工作一定会有帮助的。"

扬子松了一口气，紧紧地握住李舟的手："谢谢你这么理解公司，支持我的工作。其实你是学计算机的，有这个特长很好啊，学了三年的专业不要轻易丢掉，也许你可以考虑拾起老本行，说不定会更有发展，更适合你呢。"李舟点了点头。

"如果你觉得店铺目前有哪些做得不好的方面、需要改进的地方，欢迎你提出来，帮助我们以后做得更好，我们很希望得到你的建议。"扬子诚恳地说。

李舟说："你们都做得很好了，我就是觉得自己做得不够好。可惜我们没缘分，不能再在一起做好同事了。"

扬子说："我们照样可以保持联络，同事做不了，还可以做朋友嘛！而且说不定你可以找到更适合自己的路。祝你一切都好，保持联络。"

四个月之后，扬子接到了李舟的电话。原来李舟已经顺利通过试用期，成为一家公司的网管，而且业余时间也在学习英语，为以后的发展铺路。她说很感谢公司辞退了她，不然，她还会在不适合自己的销售行业里迷路，四处游荡。扬子很开心，衷心地祝福了李舟。

西方有一句名言，"人不小心摔倒了，站起来的时候，千万不要忘记把地

上的金元宝捡起来。”这告诉我们，即便在工作中遭遇失败，如果能从中汲取教训，失败就是成功。

但是尽管如此，却不是每一个被辞退者都能够如此想得开。有时候对一位导购的辞退处理得不好，就有可能影响店铺整体的士气，直接导致销售业绩的下滑。

“士气”这个东西是很难把握的，虽然看不见摸不着，但无疑是最经不起打击和推敲的。稍有不慎，就要用很大的精力去挽回。

这就要求门店管理者在辞退导购的时候，一定要有艺术手段。

有一部电影叫《在云端》，主人公是一家大型人力资源公司的裁员专家。他的工作是飞来飞去为各地公司解决麻烦，代他们辞退员工，在剧中，他对辞退员工的人有这样一段描述，非常诗意地描绘了裁员专家这个角色无情、冷酷的一面：

我们让地狱变得可以让人忍受，护送受伤的心灵渡过绝望的河流，到达一个几乎看不见希望的地方，然后我们停船，把他们推到水里，让他们自己游走。

这部电影中，有一个情节让我印象非常深。裁员专家在一次辞退员工的过程中遇到一位员工不能接受自己被辞退，情绪非常激动的情况。我们看一下这位裁员专家是如何应对的：

裁员专家：“孩子们的崇拜对你来说很重要是吧？”

被裁员工：“是的。”

裁员专家：“我怀疑他们是否崇拜过你。”

被裁员工：“混蛋，你不是来安慰我的吗？”

裁员专家："鲍勃，我不是心理专家，只是给你提个醒，你知道孩子们为什么会崇拜运动员吗？"

被裁员工："不知道，因为他们能搞内衣模特吗？"

裁员专家："不，那是我们喜欢运动员的原因。孩子们喜欢运动员，是因为他们追求自己的梦想。"

被裁员工："是的，但我不会扣篮。"

裁员专家："是的，但你会烹饪，你的简历上写着，你辅修过法国的烹饪艺术。大部分学生只会去肯德基打工，你却在皮卡多多学了一门可以养家的手艺。你毕业之后，就来到这里工作，他们最初给了你多少薪水，让你放弃了梦想？"

被裁员工："一年两万七。"

裁员专家："你打算什么时候离开这份工作，去做你真正喜欢的事情？"

被裁员工："问得好！"

裁员专家："我见过一辈子都在同一家公司工作的人，就像你这样，他们打卡上下班，却从未感受过一丝开心。现在你的机会来了，鲍勃，这是你重生的机会。如果不为自己，那就为你的孩子们。"

这段话非常经典，准确地切入了被辞退员工的内心，一方面缓解了他被解雇的不安和愤怒，另一方面帮他找到了隐藏在内心深处的潜意识和自己接下来生存的目标。无疑，这个被辞退的员工最终满意地离开了。

设身处地地换位思考，深入掌握员工的资料和细节，帮他们找到以后工作、生活的方向和目标，未尝不是裁员时要考虑的重要方面。

吐故纳新是自然规律，有时又是残酷的法则。无论你辞退的人有多少，他们如何不满意，公司都会继续向前发展。但有一点必须注意，你今天辞退的人不会凭空消失，他可能就是你未来的客户、竞争对手，也没准儿哪一天又会回到你的公司任职。

要让被辞退的人——你的下属满意而去，并让公司其他同事、下属通过这件事重新评估自己，你就必须让对方心里有谱。而对面谈过程中的细节，你也要特别注意，并根据对象特点，重新设计程序。别忘了，你更重要的工作是使其他下属、同事心服口服，在辞退员工后，走到他们面前，坦然地面对他们的目光。

辞退不当的另一个重要的负面后果往往被管理者疏忽——内部影响。辞退不当会让在职员工感到不安全，担心自己是否也会落到像被辞退者那样的下场。其他员工很容易把别人的遭遇往自己身上套，进而推测管理者的处事方法和能力，对管理者和公司产生不信任的感受，影响公司的凝聚力。许多管理者在辞退普通员工时比较随意，其实杀鸡往往猴会看，因此辞退普通员工也不能有丝毫马虎。

锦囊一：辞退前，做好充分准备

第一，辞退前要有记录、有帮助、有跟进。辞退的原因一般有两种：一是公司原因，如大范围裁员、组织机构调整等；二是员工个人原因，工作不称职、危害公司利益等。如果是公司方面的原因，应当向员工做好解释工作，并表示日后欢迎员工重新回公司。对于个人原因的辞退应当做好全面考核工作，要有完整的员工本职工作不合格的记录。辞退前要有警告、帮助、跟进的措施，不可偏听偏信，更不能公报私仇。对于曾经为公司做出贡献的员工，应当尽量在本公司内为其寻找其他合适的岗位，或者推荐到其他公司工作。辞退员工的公正与否会影响到在职员工的工作积极性。把工作能力强、人品好的人开除，会让员工的士气在很长一段时间内走不出低谷。

第二，屡次教导仍无效果，考虑辞退。对屡次教导仍不改，不再适合此工作的员工，考虑辞退，也可使用暗示辞职。所谓的暗示辞职不是指通过举出员工工作中犯过的错误，对将要被辞的员工进行猛烈地抨击的方式来暗示其承认错误，主动辞职。这种方式不是暗示辞职的正确方式，暗示辞职是指如果相同的错误一位员工连犯了两次，而且在其犯第一次错误时你对他和气地指出过，并且制定了考核标准，在此情况下依然再犯，他自己也会觉得很不好意思，自己就会主动辞职了。

实际上，经常会有这样的情况：有的员工虽然屡次被暗示，但是依然不辞职。这是一种很正常的现象，因为他可能一直没有找到一份新工作，而跳槽对他来说意味着很大的风险性。这时，就要设法与该员工做好沟通。

第三，让员工体面地离开。

选一个好时机

辞退的时机要避免节日或员工生日、纪念日等特殊日子，让员工体面地离开。

在选择有利的时机时，员工的详细资料是第一个需要特别关注的因素，即具体考察员工收到被辞退通知单的那天是不是他的某个重大节日，比如他的生日、他的结婚纪念日，等等。如果你恰好选择了那样特殊的日子，就很容易引发较大的矛盾冲突，会对员工的心理造成很大的伤害和刺激。所以，在做离职员工管理的时候，要考察清楚员工的生日（包括阳历和阴历）。总之，要设法拿到员工的特殊资料，根据资料来安排发放辞退通知单的最合适的时间。

当天下班以后或临下班时，也可紧急辞退。这个要根据员工的实际情况而定，一般可以在临下班时或下班后跟员工面谈此事；如果比较紧急，属于原则性大错误，需要马上做出决定的，也可紧急辞退。但不管哪一种情况，一定要有理有据。

案例中的扬子，有意避开了被辞退员工李舟妈妈生日那天，并且在她下班前一个小时才约谈她，避免影响李舟一天的心情。

选一个好地点

地点一般可选封闭的场所，便于双方敞开心扉沟通。即使员工有一时的情绪激动或接受不了，也可以将影响降到最低。

案例中的扬子，就将沟通的地点选在了库房。

第四，帮他规划道路。这一点很多人在辞退员工的时候都不太注意，其实，它很重要也很关键。因为它是一个筹码，作为补偿的一个筹码。一个注定要走的人，你还在以关心的名义为其做下一步离开后的职业规划，无形中他会对你产生感激之情，这样就更有利于促进整个谈话的顺利进行。

大部分人在被辞退时心情激动，往往是因为一时受不了被组织抛弃的失落感，以及坏消息突然来临时对未来的迷茫和恐惧感。而能够帮员工厘清思路，规划方向，无疑是很好的一种方法，可以缓解员工的伤痛。在案例中，扬子就是发现了李舟有计算机方面的特长，并给她引导，鼓励她找到更适合自己的职业。

体面解雇员工的另一种方法就是设法让别人“挖走”该员工，特别是一些资历比较老的员工。资历老的员工的工资相对比较高，知名度比较大，针对现在猎头公司非常活跃的情况，你可以向猎头公司推荐。同时，可以请猎头公司打电话给这位员工，要求其寄一份简历。这样，可以让该员工意识到自己的机会来临，减少员工被辞退时的痛苦。你和猎头公司的合作很体面地为被辞退员工保留了面子。

锦囊二：辞退中，要保留尊严

心态平和，掌控局面

具体来说，就是要心态平和，注意对方情绪反应；快刀斩乱麻；不能怕伤害自己的面子和利益；稳定局面，驾驭对方，沉着冷静。

许多员工在被辞退的时候，内心都很郁闷。他们肯定不满被辞退的结果，即使内心做出了走的准备，但还会抱有一线希望，甚至即使走了，也想给自己多争取一些补偿。因此，在与他们谈的时候，管理者一定要注意观察对方的情绪变化，注意拿捏自己说话的方式、语气等，在对方不同的情绪变化之下做出恰当的应对，争取控制整个氛围，进而完成辞退的目标。

以诚待人，换位思考

设身处地地换位思考，深入掌握员工的资料和细节，帮他们找到以后工作和生活的方向、目标。

有理有据，保留尊严

必要的情况下，要将辞退员工的理由和依据一一列举，证明是长期形成的必然结果，而非个人喜好或一时冲动。案例中的李舟，确实是本身不适合做销售工作，在店长扬子及同事的屡次帮助和带教下，依然不能达到要求。无疑，辞退前的帮助、跟进，以及相关的记录是辞退时最有利的说服手段。

人之将走，其言也善

企业为什么要进行离职面谈？因为企业想从中发现与企业工作有关的信息，以便管理者改进自己的工作。这点面谈双方都清楚。如果一个被动的离职者不愿意讲真话，是因为他对组织、对企业仍抱有怨恨的情绪，不愿意企业好。可是一个主动离职者，一个找到了更好岗位、更好发展前途的人，有什么理由不讲真话呢？企业的发展壮大对提高他个人的竞争力是有帮助的。这点面谈双方利益是一致的。

人之将走，其言也善。一个人离职，基本表示他个人在这家企业的职业生涯就此结束。当离职者已经拿到了离职证明书，在地位上已经完全与这家企业的总经理、人事经理平等，可能是第一次可以毫无顾虑地在这些人面前发表自己的观点和意见的时候，还需要说谎吗？谎言需要去编撰，比起说真话，更费力气。

所以，我相信离职面谈的可信度还是比较高的。如果离职面谈中获得的信息失真，那么我会自省，是不是我的面谈安排做得不好？比如时间上、环境上、人员上，以及所谈论的问题及谈论方式。

案例中的扬子，有这方面的意识，但与李舟的沟通中还不够深入，可以再听听李舟对工作及店铺的看法。虽然也许只是一些基层工作的细节，但也是信息收集的一种渠道。

锦囊三：辞退后，人走茶不凉

公开透明，人走茶不凉

辞退员工时要公开，应尽量及时公开辞退理由，以免引起在职员工的胡乱猜想，影响正常的工作秩序。此外，在被辞退员工离开时应当尽量让他体面，领导出面召集同事为其开个送行会，在会上对其为公司做出的贡献进行总结。开送行会，不仅是考虑到被辞退人员的自尊心，更重要的是向在职员工展示公司良好的企业文化，增强向心力。

某集团花几年时间从知名公司聘请了一位总经理，来的时候迎接场面非常隆重，而辞退时，公司高层私下通知不准管理人员参加送行会，并且在半月后才给各分公司下发了一份正式通知。尽管各分公司的管理者通过各种渠道早就获得了该消息，但在这半个月内，大家纷纷猜测辞退总经理的原因，推测新任领导是谁，生产、营销工作几乎陷入瘫痪。

团队达成一致，意见统一

解雇是一种重要的纪律行动和管理手段，所以一定要获得大家的认可和支持，达成一致意见。同时要与相关部门沟通协调，达成共识。

欧阳寄语：辞退员工的时候，也是你能更好地挽留其他员工的时机。

附录一

导购信息管理表

店铺名称：　　　　店长：　　　　制表人：　　　　制表时间：

姓名	岗位	性别	年龄	身高	体重	生日	家乡	现住址	性格特征	个人情况	家庭状况	兴趣爱好	工作评价	备注

附录二

导购考勤与销售表

店铺：　　班次：　　制表人：　　交表日期：																		本月小计
	姓名	1	2	3	4	5	6	7	8	9	10	11	12	13	14	15		
考勤																		
指标																		
	小计																	
销售																		
	小计																	

店铺：　　班次：　　制表人：　　交表日期：																		本月小计
	姓名	16	17	18	19	20	21	22	23	24	25	26	27	28	29	30	31	
考勤																		
指标																		
	小计																	
销售																		
	小计																	

A班：9：00—16：00　　B班：15：00—22：00　　C班：9：00—22：00　　O班：休息

附录三

导购沟通记录表

店铺：　　　　　　　　制表人：　　　　　　　　制表时间：　　年　月　日

沟通周期	计划时间	员工姓名	执行时间	员工姓名	沟通结果	沟通人	备注
第一周							
第二周							
第三周							
第四周							
沟通例行问题：							
你对最近对工作满意吗？							
你希望调整和提升的是什么？							
你对公司有什么建议？							
你需要怎样的支持？							

附录四
导购月与时间赛跑表格

店铺：________________　　　　本月目标：____________

	星期一	星期二	星期三	星期四	星期五	星期六	星期日	本周累计	与上周对比升跌幅
日期 / 时间比									
今日目标									
销售额									
本月累计									
销售比									
日期 / 时间比									
今日目标									
销售额									
本月累计									
销售比									
日期 / 时间比									
今日目标									
销售额									
本月累计									
销售比									
日期 / 时间比									
今日目标									
销售额									
本月累计									
销售比									
日期 / 时间比									
今日目标									
销售额									
本月累计									
销售比									

附录五

专卖店月度绩效考核表

店铺名称：　　　　　　　　　　　　　　　考核时间：

第一部分：单店经营考核				
本月计划销售目标	本月实际销售业绩	销售业绩达成率	本店业绩排名	备注

第二部分：销售工作执行情况考核（占 100 分）					
评分	考核依据	评分标准	分值	零售主管评分	销售经理评分
店员日常工作，均能严格按照《店铺运营手册》、工作流程的指示去做，并每周进行总结、学习	《店铺运营手册》内容	每发现一次执行不到位或违规操作扣 5 分	0~40 分		
促销物料、海报等是否按时、按要求进行陈列布置	具体促销方案	每发现一次执行不到位或违规操作扣 3 分	0~15 分		
导购服务是否按照公司标准服务流程操作	巡店记录	每发现一次执行不到位或违规操作扣 3 分	0~15 分		
店铺账目报表是否及时、准确进行整理	每日销售报表	每发现一次执行不到位或违规操作扣 1 分	0~20 分		
店铺员工出勤情况	考勤记录	店员每人 / 次请事假一天扣 2 分，迟到、早退每人 / 次扣 1 分	0~10 分		

（续表）

<table>
<tr><td colspan="9">第三部分：店铺绩效考核结果</td></tr>
<tr><td rowspan="2">本月单店考核总分</td><td colspan="8">本月店铺员工的绩效奖金</td></tr>
<tr><td>店长</td><td>提成比率</td><td colspan="3">单店销售业绩</td><td>个人绩效奖金</td><td>本月其他奖励</td><td>小计</td></tr>
<tr><td rowspan="9"></td><td></td><td></td><td colspan="3"></td><td></td><td></td><td></td></tr>
<tr><td>店员姓名</td><td>提成比率</td><td>个人销售目标</td><td>个人销售业绩</td><td>完成率</td><td>个人绩效奖金</td><td>本月其他奖励</td><td>小计</td></tr>
<tr><td></td><td></td><td></td><td></td><td></td><td></td><td></td><td></td></tr>
<tr><td></td><td></td><td></td><td></td><td></td><td></td><td></td><td></td></tr>
<tr><td></td><td></td><td></td><td></td><td></td><td></td><td></td><td></td></tr>
<tr><td></td><td></td><td></td><td></td><td></td><td></td><td></td><td></td></tr>
<tr><td></td><td></td><td></td><td></td><td></td><td></td><td></td><td></td></tr>
<tr><td></td><td></td><td></td><td></td><td></td><td></td><td></td><td></td></tr>
<tr><td>小计</td><td></td><td></td><td></td><td></td><td></td><td></td><td></td></tr>
</table>

制表人：　　　　　　　　　　制表日期：

附录六

新进导购试工跟进表

试工导购姓名：　　　　试工日期：　　年　　月　　日至　　年　　月　　日

日期	掌握内容	A	B	C	D	备注：
第一天	了解店铺的日常工作流程					
	了解店铺日常清洁标准					
	了解店铺日常工作制度要求					
	了解公司文化历程及品牌理念					
	练习门迎					
	与店长沟通（认识团队成员）					
第二天	了解日常货品整理标准					
	了解货品结构和货品风格					
	熟悉货品款号 / 价位 / 面料					
	了解品牌特定顾客群体的特点和应对					
	练习门迎					
	练习礼仪规范					
第三天	了解不同面料的特性和卖点					
	了解仓库整理标准和货品清点标准					
	熟悉货品款号 / 价位 / 面料 / 库存					
	练习礼仪规范					
	练习服务标准流程中的推介和试衣流程					
第四天	练习各种票据 / 单据的填写要求					
	熟悉店铺各种营业电器的使用					
	练习礼仪规范					
	练习服务标准流程					
	与店长沟通					

（续表）

日期	掌握内容	A	B	C	D	备注：
第五天	基本熟悉畅销款式的款号／价位／库存状况					
	基本掌握仓库和店面货品整理要求					
	能熟练填写各种账目单据					
	能尝试接待顾客					
	熟悉礼仪规范和服务标准的要求					
第六天	练习货品熨烫和简单修补技巧					
	了解货品的基本陈列原则					
	了解饰品的搭配和陈列技巧					
	熟悉礼仪规范和服务标准的要求					
第七天	了解服装的搭配常识					
	熟悉服务流程中的收银打包道别过程					
	尝试独立销售					
	与店长沟通					

以上项目中，A 为掌握优秀，B 为掌握良好，C 为基本掌握，D 为掌握较差。请在相应一栏打“√”。

该表格新进导购／带教师傅／店长每人一份，分别填写，作为新进导购试工期间考评依据。七日试工结束时反馈回公司，同时作为员工档案留档。

填表人：　　　　　　　　　　　　年　　月　　日

附录七

试用期导购考核表

店铺：　　　　　试用导购姓名：　　　　　　　　入职日期：　　年　月　日

该表格用于导购入职满一个月后考核评定，根据评分确定导购试用期第二个月的级别。

满分为 100 分，每一小项满分为 5 分，共 20 项。

评分 95 分以上者申请提前转正（A）；

评分 85 分以上者转为实习导购（B）；

评分 65 分以上者继续试用（C）；

评分 65 分以下者予以辞退（D）。

项目	满分标准	得分	备注
工作态度	积极主动投入工作，并时刻保持良好的工作状态		
	明确个人职责，服从上级／公司和所在商场的规章制度，踏实敬业		
	对工作有高度的责任心，能及时主动提出有效建议或意见		
	渴望学习，努力向上，能主动寻求工作机会并珍惜目前工作		
服务意识	明确顾客的重要性，珍惜每一次服务的机会		
	以积极的心态接待每一位顾客，真诚为顾客着想		
	能有建立稳固顾客群的意识，与顾客感情建立良好		
业务技能	熟知 95% 以上货品的货号、价位、库存、面料、保养、摆放位置等		
	能熟练运用各种营业设备、熨烫设备，熟练填写日常各种票据、表格等		
	熟知日常工作流程，并可独立操作（比如，物流程序和改衣程序等）		
礼仪规范	仪容仪表良好，符合公司标准		
	能有效按照公司等服务标准执行，符合规范要求		
销售技巧	在销售过程中能灵活应变，给顾客良好印象		
	善于把握顾客，成交率高，积极附加推销，单次销售额高		

（续表）

项目	满分标准	得分	备注
日常事务	考勤／纪律方面严格遵守公司制度，无违规和不良现象出现		
	对于卖场货品整理／卫生／卖场补位等有明确的意识，积极主动		
	对调货／加班等安排积极主动配合		
团队意识	集体荣誉感强，一切能从整体考虑并配合		
	与同事关系和睦，沟通配合良好		
	乐于助人，品德良好，积极帮助有需要的同事		
合计			
综合评定	特长：		
	建议适合岗位：		
	试用意见：A 提前转正（转正日期：________）B 实习导购 C 继续试用 D 予以辞退		

制表人：　　　主管签名：　　　制表日期：　　年　月　日

附录八

辞（离）职申请表

亲爱的同事：

您好！

在您填写这份辞（离）职申请表时，请您再审慎思考下列问题：

1. 是否与您的主管恳切地谈过如何来调适您的工作？

2. 可曾与同事、亲友交换过意见，听听别人给您的看法与建议？

3. 是否评估新企业环境的重新适应与前瞻、发展前景，并对于过去您在工作中所投入的心力、被肯定的贡献及已奠定的基础做过比较？

建议您利用这一次的审思重新规划好一个明确且具体的自我前程发展蓝本，让公司协助您完成心愿。

若您坚决辞去，我们除了感激您过去对公司的贡献外，更要祝福您的未来一切能顺利如意，同时也在此提醒您能遵守在本公司所签订的《聘用合同》上所禁止及离职后仍应履行的法律责任和您有被通知的义务。对于您离开后，部分牵涉法律责任条款的规定，虽未签字也要负的法律责任，切勿因一时之失察以致触法涉讼，特此再予提示。

部　门：

<table>
<tr><td colspan="2">姓　名</td><td></td><td>性　别</td><td colspan="2"></td><td>入职
日期</td><td></td></tr>
<tr><td colspan="2">店铺名称</td><td></td><td>申请日期</td><td colspan="2"></td><td>拟最后
工作日</td><td></td></tr>
<tr><td colspan="2">职　位</td><td></td><td>合同到期日</td><td colspan="2"></td><td>工作代
理人</td><td></td></tr>
<tr><td colspan="3">离职后住址</td><td colspan="3"></td><td>电　话</td><td></td></tr>
<tr><td>离职
原因</td><td colspan="7">申请人签字：</td></tr>
<tr><td>部门
意见</td><td>（A）
直属
主管</td><td colspan="3">面谈人：</td><td>（B）
店长</td><td colspan="2">面谈人：</td></tr>
<tr><td>部门
意见</td><td>（C）
区域
经理</td><td colspan="3">签　字：</td><td>（D）
部门
经理</td><td colspan="2">签　字：</td></tr>
<tr><td colspan="2">（E）
营销
总监</td><td>签　字：</td><td>（F）
人力
资源部</td><td colspan="4">□同意离职
□交接完毕，账务已清
签　字：</td></tr>
<tr><td colspan="2">总经理</td><td colspan="6">签　字：</td></tr>
<tr><td>说
明</td><td colspan="7">1. 申请书领取：需向各区域经理领取。
2. 预告辞离日期：店铺人员于最后工作日的 30 日前由本人提出申请；店长级别人员于最后工作日的 45 日前提出申请。
3. 离职面谈：店长负责对店员有选择地面谈、区域经理负责对店长逐一面谈。
4. 辞（离）职人员必须经人力资源部批准后方可进行各项交接事项，工资依正常发放手续领取。在未批准之前，员工不得进行交接和擅离岗位，否则以自动离职处理。
5. 交接工作必须于辞（离）职申请批准后两天内交接清楚离开公司。
6. 本申请书核定权限：店员级离职审批以营销总监、人力资源总监签字批准方为有效；店长级离职需总经理签字批准方为有效。
7. 各部门主管签字流程及需了解的事项提示：（A）→（B）→（C）→（D）→（E）→（F）。</td></tr>
</table>

离（调）职交接表

交接日期：　　年　月　日

店铺		姓名		职务		离职日期	

交 接 项 目

序号	交接事项	移交明细	交接情况	交接人员签名		店长签名
				离职员工	接交员工	（确认交接完成）
1	财务方面	货品数量与金额	数量： 金额：			
2		账册物品				
3		店铺备用金	金额：			
4		未清提货单	金额：			
5		交回个人保管财物				
6		有无欠账，有无未清财务				
7	资料文件	培训资料：包括当季产品介绍				
8		店铺管理手册				
		（含店铺人员配置及提成规定）				
9		公司与店铺的内部文件				
10		知识产权				
11		当季质检报告、VIP 档案资料				
12		其他店铺资料				
13	其他	与工作有关的钥匙				
14		工服交接	数量：			
15		办公用品				
16		经办工作交接				
17		其他未清事项				
18	商场押金、工衣柜费、培训费、体检费					
19	未清电话费或其他					
20	工作起始时间（　　年　月　日至　　年　月　日）					

区域负责人		部门经理		部门总监		人力资源总监		总经理	

证明	1. 以上事项均办理清楚后，方可办理离职。未办理完善者，未领工资不予发放，并依公司损失情况要求赔偿。 2. 交接表送还人力资源部门存档。

不同店铺之间员工的调动需办好交接手续。
店铺人员因个人原因辞职的，需提前一个月提交辞职申请给区域负责人审批（辞职申请原件月底随报表一同寄回，公司收到此原件才给予发放工资）。
区域同意并批准具体离职时间后，离职人员与入职员工之间需办好交接手续（原则上是一进一去），店长监督签名确认。

后　记

从十多年前一名普通的导购，成长到现在的职业培训师，我对导购的工作体会是非常深的。

“青春饭”“跳板”是大家对这份职业的普遍认识。

大多数从事导购工作的伙伴都是涉世未深的年轻人，一方面，他们对自己的职业生涯目标并不明确；另一方面，他们也很难客观地看待自己的工作。所以，我看到的大部分导购伙伴是迷茫的、没有目标的，在工作中是困惑而又无奈的。

说实话，每当看到这些迷茫的姐妹，我都非常心痛，好像看到了十多年前的自己。看到当初自己刚刚毕业时的迷茫，想到当初自己对于先就业还是先择业的困惑。

有媒体采访过我：“是什么支撑了你当初在这个很多人当作‘青春饭’和‘跳板’的行业中坚持下来，从底层一级级做上去，甚至这么多年还在不懈地研究？”

我回答了他两个字——梦想。

我毕业后的第一份工作，是在一家品牌女装专卖店做导购。上班第三天，有一位顾客拿着她的衣服过来让我熨，我直接把袖子烫煳了。整个袖子都黑了，上面还有一个熨斗的形状，我当时就傻了。我记得很清楚，那位高高瘦瘦的女顾客是在地税局上班的。顾客本人倒没说什么，但是她的老公不高兴了。她的老公指着我说："你是不是脑袋进水了？"我当时真的觉得自己闯了很大的祸，另外心里也接受不了，觉得很委屈。因为那时刚刚毕业，内心还有很多憧憬，有很强的自尊心，所以我跑到仓库，眼泪唰的一下就出来了。

当时真的有那种想法——不干了！很多我们看上去很简单的事情，其实做起来都没有那么简单。可是我又想：才上班第三天，遇到这么一点点问题就放弃了？那欧阳海淼你以后还能够做什么?！

在刚刚入行的时候，每个人都会面临各种各样的困难。我刚来公司三天，如果连这三天我都待不下去，那么接下来还能够做什么呢？因为公司的试用期是一个月，所以我就给自己定了一个月的期限。我想：如果不是公司放弃我，而是我自己放弃自己，那我就是一个彻头彻尾的失败者！当然，一个月之后的情况，很多人都已经知道了，因为在那批新导购中表现突出，我被提拔为店长，让我对自己重新有了信心，决定坚持在这个行业做下去。

我也非常幸运，我服务的第一家品牌是当年非常有名的一个品牌，我所在的代理商公司也是当时这个品牌全国做得最好的代理商，非常注重培养员工，在那个年代我们就有很多参加培训的机会。入职第二个月，公司就送我们这批新店长去参加了一个培训，是王琳老师的一个万人大演讲。那是我听的第一堂培训课，当时我瞬间变为"迷妹"，心里一下子有了梦想——以后我也一定要走到那个台上去，我要成为舞台的中心。

当时国内几乎没有讲师，服装行业的讲师就更没有，所以当时我想，做服装行业讲师还不错，但是，我年纪这么轻，没有多少工作经验，如果想要成为一名优秀的讲师，那必须要有一套自己的理论体系和经验教训可以和大家分享，必须要对一个行业精专。

所以，从第一份工作开始，我就一直在积累，一直在不停地总结和沉淀，非常努力和用心，从导购、店长、督导、销售经理、培训经理一路走过来，做了国内品牌，做了国际品牌，做了代理商公司，也做了品牌总部。所有这些经历都是因为我觉得一定要在这个行业有竞争力。在这个行业沉淀十余年后，我才真正正式转型做讲师。

当然，我刚出来就一下子能量爆发了。2010 年我在《前沿讲座》100 多家电视台连播了六期电视讲座，同时写了自己的第一本书，结果上架之后不到 3 个月就出现了全国断货和盗版现象。我心里非常清楚，如果没有之前十余年的沉淀，没有最开始梦想的萌芽支撑我不断前行，告诉自己无论面对多少困难，也绝对不要放弃，那么我一定不会有今天。

所以，心怀希望，春暖花开，任何行业都有无限可能，导购也同样如此。

时至今日，我更希望能够通过自己的文字，自己的培训课堂，自己能做的所有，带给更多的导购伙伴积极的影响，让更多的门店管理者，不管是店长也好，主管也好，加盟商老板也好，从内心深处认识、理解、欣赏可爱的导购们。让我们大家都能多赢。

写作是一个异常辛苦而又漫长的过程，而我又一直固执地坚持亲自书写、雕琢，不肯让别人代笔，因为骨子里追求完美让我容不得自己的作品有半分虚假和伪装。人生在世，能够留点有用的东西给他人，哪怕只是一点点微不足道的经验，也是一件快乐的事。

本书的编辑和出版得到了众多朋友的大力支持，更得益于我的家人在背后的默默奉献。在此，感谢所有人！